KB016868

정의로운
영화수업

정의로운 영화수업

초판 1쇄 발행 2023년 1월 10일
초판 3쇄 발행 2024년 7월 20일

지은이 정은해, 최혜정, 박홍선, 이임정

기획 · 편집 도은주, 류정화
마케팅 이수정
표지·본문 일러스트 전민경

펴낸이 윤주용
펴낸곳 초록비책공방

출판등록 2013년 4월 25일 제2013-000130
주소 서울시 마포구 동교로27길 53 지남빌딩 308호
전화 0505-566-5522 팩스 02-6008-1777

메일 greenrainbooks@naver.com
인스타 @greenrainbooks
블로그 http://blog.naver.com/greenrainbooks

ISBN 979-11-91266-68-9 (03680)

* 정가는 책 뒤표지에 있습니다.
* 파손된 책은 구입처에서 교환하실 수 있습니다.

이 도서는 한국출판문화산업진흥원의 '2022년 중소출판사 출판콘텐츠 창작 지원 사업'의 일환으로 국민체육진흥기금을 지원받아 제작되었습니다.

어려운 것은 쉽게 쉬운 것은 깊게 깊은 것은 유쾌하게

초록비책공방은 여러분의 소중한 의견을 기다리고 있습니다.
원고 투고, 오탈자 제보, 제휴 제안은 greenrainbooks@naver.com으로 보내주세요.

정의로운 영화수업

윤리와 공정에 관한
십대들의 생각 모으기

정은해, 최혜정, 박홍선, 이임정 지음

초록비책공방

프롤로그

영화를 읽는다는 것은 우리네 삶을 들여다보는 것

19세기 말 과학자들의 노력으로 영화를 상영할 수 있는 기계가 발명된 이래 영화는 비약적인 발전을 거듭해왔습니다. 불과 한 세기 정도의 시간이 지났지만 영화를 만드는 기술은 물론 영화를 상영하는 방식과 관련 산업까지 이제 영화는 대중문화의 중심에서 그 역할을 톡톡히 해내고 있습니다. 단순히 현실을 재현하기 위해 시작된 영화가 문학을 재창조하고 예술의 역할까지 감당해내면서 대중은 영화를 통해 즐거움 이상의 것을 얻을 수 있게 되었습니다. 게다가 상영관에 가지 않고도 집에서 홀로, 손쉽게 영화를 즐길 수 있는 기기와 OTT 플랫폼들이 속속히 등장하고 있습니다.

오늘날의 영화는 우리의 삶 깊숙이 파고들며 우리가 가지고 있는 욕구를 충족시킵니다. 즐거움을 추구하는 본능을 건드리고 지식을 갈망하는 본능을 끌어냅니다. 또한 철학적 가치를 깨닫게 하고 공동체 윤리를 곱씹게도 합니다. 이 모든 것이 영화가 지닌 스토리의 힘입니다. 이 스토리는 예술적 아름다움에 담겨있거나 카타르시스의 즐거움에 쌓여있지요.

좋은 영화는 탄탄한 스토리와 스펙터클한 스타일로 관객을 사로잡습니다. 현실을 재현하되 현실의 문제점을 꼬집고 미처 발견하지 못했던 인간 내면에 숨어있는 추악한 욕망과 오만함을 드러냅니다. 이런 영화를 통해 관객은 숨 막히는 세상을 보고 자신을 들여다보는 경험을 합니다. 깔깔거리는 웃음 속에 숨겨진 휴머니즘까지 발견하면 관객은 '그야말로 생은 살 만하다'라는 희망까지 경험합니다. 그래서 영화를 읽는다는 것은 흐르는 시간 속에 살아 펄떡이는 우리 모두의 삶을 들여다보는 것입니다.

이 책은 청소년이 영화를 통해 가치관을 정립하고 사회 문제에 관심을 가지는 데 익숙해지기를 바라는 마음에서 한국독서문화연구소 CURI가 끌어낸 영화 이야기입니다. 좋은 영화를 엄선하고 생각거리를 뽑아 구성했습니다. 인류 공통의 문젯거리를 탐구할 수 있도록 여러 나라의 영화를 담았습니다. 자본주의의 그림자는 무엇인지, 과학 기술이 과연 인류를 위해 발전하고 있는지, 인간이 어떻게 지구 환경을 좀먹는지, 전쟁의 광기는 어디에서 발현되는지, 풍요로운 현대 사회에서 인권의 사각지대는 어디인지를 살펴보고 있습니다.

또한 영화를 소개하고 설명하는 글과 함께 중·고등 교과와 연결되는 핵심 교육 가치들을 중심으로 한 생각거리를 제시하고 있습니다. 확장된 활동을 할 수 있도록 주제에 맞는 다른 영화도 소개하고 있습니다. 아이들을 가르치는 선생님 혹은 청소년 스스로가 영화를 읽어내는 데 도움이 되었으면 좋겠습니다.

영화로 세상을 읽는다는 것은 어쩌면 절망적인 순간과 맞닥뜨리는 일일지도 모르겠습니다. 문학이 그러했듯이 예술이 그러했듯이 영화는 우리가 읽어내야 할 메시지를 날카롭고 강력하게 전달하니까요. 불편한 진실을 마주할 때 고개를 돌리고 눈을 감고 외면하고 싶을 수도 있습니다. 그러나 진실을 마주할 때 그리고 그 진실과 단단히 승부할 때 우리의 '십대'는 조금 더 성장해 있을 것입니다. 우리의 미래도 조금 더 나아질 것입니다.

차례

3부 환경의 위기

4부 전쟁의 고통

5부

인권의 가치

1부

자본주의의 폐해

환상을 만드는 학자,
꿈을 파는 기업, 악몽을 사는 시민

〈인사이드 잡(Inside Job)〉

찰스 퍼거슨 감독 | 2010년 제작 | 12세 관람가

⚜ ⚜ ⚜

현대인은 태어나면서부터 죽을 때까지 소비자로 살아갑니다. 소비의 측면에서 인간의 삶을 정리하자면 산부인과 의료비 지급부터 시작해 장례식 비용을 지급하면서 삶의 마지막을 완성한다고 볼 수 있습니다. 아침에 눈을 떠서 저녁에 눈을 감을 때까지, 식사할 때, 출근할 때, 잠을 잘 때도 어떤 방식으로든 우리는 쉬지 않고 소비를 합니다.

인간은 전 생애에 걸쳐 소비와 생산 활동을 반복하는데 이것을 '경제'라고 합니다. 우리의 삶과 맞닿아있는 경제는 아주 중요한 개념입니다. 우리는 어떻게 하면 혹은 어떤 방법으로 돈을 벌 수 있을까에 대해 열심히 고민하지만 경제 구조와 경제 활동에 관해서는 관심이 없습니다.

경제는 3대 주체인 가계, 기업, 정부로 이루어져 있고 이들이 소비, 생산, 분배 활동을 이끕니다. 그러므로 우리가 경제 주체와 경제 역할에 대해 무지하면 자신의 권리를 찾기 어려울 수 있습니다. 몇몇의 이익을 위해 다수가 막대한 손해를 입는 문제가 발생할 수 있습니다. 그리고 문제를 제공한 사람이 누구인지도 모른 채 그 피해를 오롯이 개인이 감당하게 됩니다. 이러한 경제 논리의 폐해가 여실히 드러난 대표적 사건이 '리먼 사태'입니다.

리먼 사태 이후 세계는 사상 최대의 실업률을 기록했고 극빈자가 늘어났으며 경제는 위험에 빠졌습니다. 영화 〈인사이드 잡〉은 몇 개의 금융 회사가 어떻게 세계 경제를 위험에 빠뜨렸는지, 왜 이런 문제가 발생했는지에 대해 심도 있게 파헤칩니다.

세금으로 산 면죄부를 받은 기업

미국의 강력했던 금융규제법은 1982년 레이건 대통령의 금융규제 완화 정책에 따라 변화됩니다. 여기에서 '규제'와 '완화'라는 단어가 주는 어감 때문에 오해가 생길 수 있는데 강력한 금융규제는 안전성을 목적으로 하는 정책이고, 금융규제 완화는 위험성을 허용하겠다는 말입니다. 금융규제를 완화하면 금융 회사는 제멋대로 사업을 펼칠 수 있게 됩니다. 그러면 자유를 얻은 금융은 어떻게 되었을까요?

1980년대 후반, 규제 완화가 시작된 지 10년도 안 되어 미국의 저축은행과 융자 회사 수백 개가 파산했습니다. 강력한 금융규제로 기본적인 금융 거래만 할 수 있었던 은행이 금융규제가 완화되자 고객의 돈으로 위험한 투자를 감행한 결과였습니다. 정부는 은행의 손해를 세금 1,240억 달러(한화 147조 8,080억 원)로 충당했습니다.

1990년대 말 클린턴 정부가 들어서자 은행은 다시 정부를 움직여 금융 대형화 작업에 착수했습니다. 국민 대다수가 이해할 수 없는 어려운 말들로 포장된 법들이 통과했고 금융 회사는 합병을 거쳐 거대해지고 독점이 가능해졌습니다. 금융 회사가 독점권을 갖게 되면 위험성이 커지지만 정부와 기업, 정치인들은 이에 아랑곳하지 않고 시티그룹과 같은 거대한 금융 그룹을 만들었습니다. 이후 금융 회사는 돈세탁, 고객 사기, 장부 조작과 같은 범죄를 일으키는 주체가 되었으며 이는 지금까지도 반복되고 있습니다.

그뿐이 아닙니다. 금융규제 완화는 대출 완화로 이어지고 이는 거품 경제를 만들어냈습니다. 은행은 개인에게 주택을 담보로 대출을 많이 해주고, 주택담보 대출 채권을 바탕으로 새로운 수익 구조인 서브프라임 모기지를 만들었습니다. 즉 돈이나 물건이 아닌 담보 대출 채권으로 상품이 만들어지는 '실체가 없는 허상의 상품'이 만들어진 것입니다. 대출이 늘어나면 집값이 올라가 거품 경제로 이어집니다.

또한 금융 회사는 '신용부도 스와프'라는 파생금융상품을 만들었습니다. 그들은 자신들이 만든 주택 담보 펀드가 위험한 상품이라는 것을 알고 있었습니다. 그래서 이로 인한 손실이 발생할 경우를 대비해 손실에 대한 보험에 가입했습니다. 이 보험이 신용부도 스와프입니다. 손실 가능성이 큰 펀드를 고객에게 팔아서 돈을 벌고 고객이 손실을 보았을 때 보험 회사로부터 2차 수익을 볼 수 있는 구조를 만든 것입니다. 쉽게 말해 금융 회사는 고객이 손실을 볼수록 돈을 많이 벌게 되는 거죠. 고객의 자산을 지켜야 할 금융 회사가 고객의 손해에 베팅해 고객이 망한 대가로 이익을 얻으려고 한 것입니다. 2004년 FBI는 모기지 사기 사건 확대에 대해 경고했지만 정부는 아무런 대비를 하지 않았습니다.

2008년 압류된 주택 수는 폭증했고, 금융 증권 먹이사슬은 붕괴되었습니다. 같은 해 리먼 브라더스와 AIG가 파산하는 대형 금융 사고가 터졌습니다. 1990년대 말 클린턴 정부의 금융규제 완화 정책 이후 10년도 안 되어 사고가 터진 것입니다. 거대해진 금융 회사의 붕괴는 세계 경제를 위협했고 결국 미국 정부는 AIG를 구제하기 위해 1,500억 달러, 골드만삭스를 구제하기 위해 140억 달러, 그 밖의 비용을 합해 총 7,000억 달러(한화 834조

4,000억 원)를 지원했습니다. 미국에서는 두 번의 커다란 금융 사고가 있었는데 두 사건 모두 금융규제 완화 정책 이후 10년 이내에 일어났다는 공통점이 있습니다. 결국 금융 사고의 핵심은 규제 완화와 관계가 깊다고 추측할 수 있습니다.

정부와 기업, 학계, 뫼비우스의 띠

서브프라임 모기지로 시작된 파생금융상품 판매와 같은 미국 금융 회사의 합법적 사기는 어떻게 가능했을까요? 그것은 기업과 정부 관료, 학자가 뫼비우스 띠처럼 끊어지지 않고 이어지는 구조이기 때문입니다.

새로 개발한 금융 상품의 투자 유치를 위해 신용평가원의 등급이 필요합니다. 이 등급은 어떻게 만들어지는 걸까요? 혹시 신문 경제면에서 '무디스'라는 회사 이름을 들어본 적 있나요? 무디스는 신용평가원으로 신용에 대해 평가하는 기관입니다. 여기에서 나온 자료는 신뢰도가 높다고 알려져 있어 많은 기관이 참조하고 인용합니다.

또한 신용평가원의 직원들은 금융 회사의 고위급 간부로 이직을 많이 합니다. 신용평가원이 만든 평가서는 돈벌이 수단이자 앞으로 다니게 될 회사에 보내는 입사 지원서라고 할 수 있습니다. 이렇게 금융 회사와 신용평가원이 긴밀하게 얽혀 있기 때문에 신용평가원의 평가서를 신뢰하기 어렵습니다.

정부의 경제 관료들은 왜 금융규제 완화를 주장했을까요? 금융규제 완화 정책을 시작한 레이건 정부는 재무부 장관으로 도널드 리건을, 미국 중앙은행 총재로 엘런 그린스펀을 임명했습니다. 이들이 금융규제 완화 정책의 핵심 인물인 것이죠. 도널드 리건은 전 메릴린치은행의 CEO였습니다. 그리고 금융업계는 국회의원 한 명당 로비스트 다섯 명꼴인 로비스트 3,000명을 고용해 1998~2008년까지 50억 달러 이상을 정치권의 로비와 캠페인에 뿌렸습니다.

다음으로 경제학자들을 살펴보겠습니다. 이들은 자신들이 경제인과 다르다고 말합니다. 사익을 위해 학자로서의 중립성을 훼손하지 않는 것이 이들이 지켜야 할 기본 윤리이기 때문입니다. 하지만 하버드대학 경제학과 교수인 래리 서머스는 1999년 재무부 장관으로 재임했고 이후 자신이 통과시킨 법으로 만들어진 파생상품에 의존한 헤지펀드를 컨설팅해서 2,000만 달러를 벌었습니다. 그리고 하버드대학 재임 동안 헤지펀드 컨설팅, 강연비 등으로 수백만 달러를 벌었습니다. 이렇게 그는 정부, 대학, 컨설턴트를 오가며 수천만 달러의 부를 쌓았습니다. 부시 대통령의 경제 자문인 클랜 후버드 교수는 매트라이프 이사로 매해 25만 달러를 벌어들이고 자문료를 통해 꾸준히 부를 쌓아가고 있습니다. 클린턴 대통령의 경제고문위원회 위원장이었던 로라 타이슨 교수도 마찬가지입니다. 그녀는 정부를 떠난 후 모건

스탠리 이사가 되어 매해 35만 달러를 받았습니다.

학자들은 보통 경제에 관한 기고문을 작성하는데 이 글도 돈을 받고 씁니다. 즉 돈을 주는 주체에 도움이 되는 글을 쓰는 것입니다. 돈을 받고 글을 쓴 것이라면 누구에게서 얼마의 돈을 받고 작성했다는 문구를 넣어야 합니다. 하지만 학자들은 그럴 의무가 없다고 말합니다. 얼마 전 우리 사회에서 유튜버가 협찬 받은 사실을 밝히지 않아 강한 비난을 받았던 사건이 떠오릅니다. 유사한 성격의 사건이지만 학자에게는 윤리에 대해 요구하지 않고 유튜버에게는 윤리적 책임을 묻습니다.

이렇게 정부와 기업 학계를 오가는 사람들로 인해 금융 정책은 더욱 완화되었고 서민들은 더 큰 손해를 입었습니다. 아이러니하게도 천문학적인 세금으로 구제를 받았던 금융 회사는 이제 더 큰 부를 쌓고 있습니다.

1972년 자본금 1,200만 달러(한화 142억 400만 원)였던 모건스탠리은행은 현재 10억 달러(1조 1만 1,920억 원)의 규모로 성장했습니다. 메릴린치은행 CEO인 스탠 오닐은 2006~2007년에 9,000만 달러를 받았고, 사임하면서 1억 6,100만 달러를 받았습니다. 스탠 오닐 후임으로 CEO에 임명된 존 테인은 2007년 초 메릴린치은행으로부터 8,800만 달러를 받았습니다. 그 뿐 아니라 메릴린치은행은 2008년 정부에게서 구제 자금을 받은 후 존 테인과 메릴린치 이사회에게 수십 억 달러의 보너스를 지급했습니다. AIG 책임자 조지프 카사는 110억 달러의 손실을 일으킨 금융 상품을 만들었지만 그 어떤 책임도 지지 않았고 한 달에 100만 달러를 받는 컨설턴트가 되어 더 큰 부자가 되었습니다.

결국 금융 회사는 거대한 자본을 정치와 학자들에게 투자하고 그들은 금융 회사에 규제 완화 정책이라는 선물을 준 것입니다. 그리고 금융 회사와 정부 관료, 학자들에게 주어진 부는 시민의 세금과 손실로 만들어졌습니다.

점점 벌어지는 격차

첨단 기술이 발달하면서 제조업은 쇠퇴하고 정보 기술이 고임금을 받는 직업으로 변화했습니다. 이제는 육체가 아닌 전문적인 지식으로 돈을 버는 시대입니다. 그래서 대학 교육이 필요해졌지요.

하지만 미국의 대학 학비는 꾸준히 증가하고 있습니다. 결국 돈에 의해 교육의 격차가 벌어지고 이는 빈부의 대물림으로 이어집니다. 세계는 점점 가진 자들이 살기 좋은 곳으로 변해가고 있습니다. 영화 〈인사이드 잡〉은 인구의 90%가 1980~2007년 사이 경제적 기반을 잃었고 거의 모든 부가 1%에게 갔다고 말합니다.

2008년 오바마 정부는 금융 산업 개혁을 외쳤습니다. 그런데 전문가들은 코웃음을 치며 불가능하다고 했습니다. 왜냐하면 오

뉴욕 맨해튼 마천루의 높은 공실률은 실제 생활을 위한 공간이 아님을 보여줍니다. 초고층 빌딩은 인간을 위한 공간이 아니라 돈을 묻어두는 금고인 것입니다. 권력은 거대한 건물을 지어 사람들을 주눅 들게 하며 투명함을 가미해 청렴하다는 이미지를 만들려고 합니다.◆

◆ 뉴욕 마천루, 과연 인간을 위한 공간일까, 경북매일, 윤희정 기자 (2021.12.09)

바마가 임명한 경제 관료들이 금융규제 완화를 외치고 법률을 개정한 사람들이었기 때문입니다. 결국 오바마 정부의 금융 개혁은 미미한 수준에 그쳤습니다.

2008년 천문학적인 세금을 들여 막은 금융 사고. 그리고 1년이 지난 2009년 실업률은 17년 만에 최고 기록을 세웠습니다. 그러나 모건스탠리는 직원들에게 보너스 140억 달러, 골드만삭스는 160억 달러를 지급했습니다.

금융은 정치계와 학계를 부패시킵니다. 많은 사람의 삶을 짓밟고 이루어낸 욕망의 끝에는 무엇이 서 있을까요? 금융가가 밀집해있는 월스트리트는 높은 빌딩의 마천루가 상징입니다. 그리고 CEO들은 고급 저택과 요트, 전용 비행기를 소유하고 있습니다. 로비스트는 누군가와 함께 마약과 매춘을 즐깁니다. 카메라는 월스트리트와 부의 상징과도 같은 이 피사체를 반복해 담아내고 있습니다. 기능을 상실하고 상징으로만 남아있는 초고층 빌딩은 허상의 공간입니다. 초고층 건물과 금융 권력이 만든 금융 상품은 허상으로 사람들을 매혹한다는 측면에서 완벽히 포개집니다.

경제는 대단히 복잡하고 전문적인 분야이기 때문에 저학력자나 취약 계층이 다가서기 힘듭니다. 이들은 피해를 입었어도 왜 피해가 생겼는지, 누가 나에게 피해를 입혔는지에 대해 파악하지 못합니다. 우리의 세금으로 금융 권력의 배를 불려준다는 점에서 세금을 내는 사람 모두가 공동의 피해자입니다.

오늘날 미국은 다수의 피해자는 더욱더 어려운 삶을 살고 있고 소수의 가해자는 더 많은 부를 쌓아가고 있습니다. 그런데 이 문제가 미국만의 그리고 경제 분야만의 문제일까요? 우리나라는 이러한 문제가 없을까요? 의학 분야, 과학 분야에는 문제가 없을까요? 우리나라도 몇 번의 금융 사고로 서민의 삶이 파괴된 적이 있습니다. 학계와 기업이 암암리에 손을 잡고 일으킨 가습기 살균제 사건은 많은 사람의 삶을 파괴했습니다. 이밖에도 학계와 기업의 비윤리적인 선택으로 수많은 사람이 고통을 겪은 사건이 있었지만 변한 건 없습니다.

우리는 권력자들이 내세우는 언어와 이미지에 속지 않아야 합니다. '노동이 유연하다'는 말은 언제든지 사람을 고용하고 해고할 수 있는 자유를 주겠다는 의미입니다. 발전소의 포스터에 청정한 자연 이미지가 가득한 것은 환경을 위협한다는 것을 감추기 위한 것임을 잊지 말아야 합니다. 오바마 대통령이 개혁을 외치고 피해자들이 연대해도 세상은 바뀌지 않았습니다. 모든 사람이 환상뿐인 이미지에 속지 않으려고 노력하고 정치 법안에 관심을 가져야 하는 이유입니다.

함께 보면 더 좋은 추천 영화

국가부도의날

감독: 정지우 | 개봉: 2014년 | 등급: 12세 관람가

1997년 한국에 국가부도로 이어질 만큼 위험한 경제 위기가 다가옵니다. 몇몇 금융꾼들은 국가부도 위기에 베팅을 하고 누군가는 국가부도를 막으려고 합니다. 행복을 꿈꾸는 평범한 소시민은 회사와 가족을 지키기 위해 각자 고군분투합니다. 서로 다른 선택을 한 사람들을 흥미진진하게 보여줍니다.

식코

감독: 마이클 무어 | 2011년 | 12세 관람가

가장 부유한 나라 미국. 하지만 미국의 부는 국가가 도움이 필요한 국민을 외면해서 만들어진 결과입니다. 돈 없으면 죽어야 하고 돈이 많아야 국가의 돌봄을 받을 수 있는 나라. 그것이 미국의 법입니다. 마이클 무어 감독은 다른 국가의 의료보장제도를 알려주면서 미국의 탐욕을 고발합니다.

라스트홈

감독: 라민 바흐러니 | 2016년 | 15세 관람가

성실한 청년 데니스 내쉬는 주택 대금 연체로 은행에 재산을 빼앗깁니다. 하루아침에 홈리스가 된 그는 부동산 브로커 릭 카버를 만나면서 이제 누군가의 재산을 빼앗는 사람이 됩니다. 데니스 내쉬는 자신의 재산을 불리기 위해 누군가를 길바닥으로 내쫓는 일을 해야만 합니다. 경제 정책의 결정권이 없는 소시민끼리 싸움을 하는 안타까운 상황을 잘 보여주고 있습니다.

영화 감상 후 함께하는 토론 논술 활동

1

난이도 ★ 중등 사회

여러분의 자산을 정리해봅시다. 통장에 입금되어있는 금액과 용돈을 정리해보세요. 그리고 한 주 동안의 소비 내역을 정리해보세요.

통장에 있는 금액	
물건의 가치	예) 레고, 현재 중고 거래가 3만 원
용돈	
1주일 소비 내역	
총자산	

2

난이도 ★★★ 중등 도덕

미국의 경제학자들은 기고글을 쓰고 대부분 고료(원고를 쓴 데 대한 보수)를 받습니다. 영화는 미국의 경제학자들이 고료를 준 기업에게 유리한 글을 쓰고 이런 글이 경제 정책을 결정하는 데 영향을 미친다고 봅니다. 여러분은 경제학자가 기업의 사익을 위해 글을 쓰는 것에 대해 어떻게 생각하나요?

3

난이도 ★★★ 중등 사회

뉴욕 맨해튼의 월스트리트에는 금융 회사가 모여있습니다. 우리나라에도 여의도에 금융 회사들이 모여있지요. 월스트리트와 여의도의 공통점을 찾아봅시다.

4

난이도 ★★ 중등 도덕

금융 회사의 사고는 반복되고 있습니다. 영화는 학계와 기업, 정치, 정부의 연결 고리로 인해 금융 참사가 반복적으로 되풀이된다고 진단하고 있습니다. 금융 참사로 인한 피해는 개인과 기업으로 나눠볼 수 있습니다. 개인이 입은 손해의 책임은 개인에게 주어지지만 기업은 국가가 세금으로 문제를 해결해줍니다. 여러분은 개인이 입은 금융 피해 자금을 누가, 어떻게 해결해야 한다고 생각하나요?

모든 국민은 인간다운 삶을 가질 권리가 있다

〈나, 다니엘 블레이크(Daniel Blake)〉

켄 로치 감독 | 2016년 제작 | 12세 관람가

〈나, 다니엘 블레이크〉는 영국의 사회보장제도를 소재로 불합리한 사회보장 시스템 속에서 추락해버린 인간의 존엄성을 보여줍니다. 아내를 잃은 다니엘은 심장병으로 직업까지 잃었습니다. 그는 나라에서 복지로 지급되는 질병수당의 수급 자격을 얻기 위해 애를 쓰지요. 하지만 그 과정이 녹록지 않습니다.

네가 정말 아픈지 스스로 증명해봐!

수십 년간 현장에서 목수 일을 해온 다니엘은 얼마 전 심장마비로 사망 직전까지 간 경험이 있습니다. 의사는 그에게 일을 하지 말라는 진단을 내리죠. 오랫동안 아내의 치료비로 재산을 잃은 상황에서 수입까지 끊긴 다니엘은 질병수당을 받기 위해 고용센터를 찾아가지만 고용센터 직원은 다니엘이 정말 아픈지 진위를 확인하기 위한 질문지만 반복해서 읽습니다. 다니엘이 겉보기에는 멀쩡했기 때문입니다.

질병수당 기각!◆

다니엘은 고용센터의 상담 번호로 전화를 하지만 좀체 연결되지 않습니다. 1시간 40분 만에 드디어 전화가 연결되었습니다. 의사 소견에 따라 일을 쉬고 있는데 질병수당 기각 통지서를 받았다는 다니엘에게 상담 직원은 결과가 12점이라며 15점은 되어야 수당을 받을 수 있다고 말합니다. 다니엘은 의사와 심사기관의 다른 결정에 항고하기로 합니다. 하지만 상담 직원은 기각되었다는 통보 전화를 먼저 받아야 항고할 수 있다며 기다리라

◆ 한국에는 질병수당이라는 개념 자체가 아예 없습니다. 의사가 일할 수 없다는 진단서를 써주어도 소용이 없습니다. 진단서를 제출하고 사회보장 급여를 신청할 수 있는 기회 자체가 존재하지 않습니다.

고 말합니다.

허울뿐인 정책들, 다니엘은 고용센터로 향합니다. 질병수당을 못 타면 실업급여라도 받아야 생계를 유지할 수 있기 때문이죠.

"구직수당 신청과 항고 신청 양식을 지금 받아볼 수 있겠소?"

"인터넷으로 신청해주세요."

평생 목수 일만 했던 다니엘은 인터넷으로 신청하라는 고용센터 직원의 말에 한숨을 쉽니다. 한 번도 컴퓨터를 사용해본 적이 없었으니까요.

예약 시간에 늦었으니까 지원금을 삭감합니다

현기증을 느낀 다니엘은 잠깐 자리에 앉아 휴식을 취합니다. 그때 어린아이 둘을 데리고 온 여인이 담당관에게 예약 시간에 몇 분 늦었다고 한 달 동안 제재를 가하는 건 부당하다고 토로합니다. 얼마 전 런던에서 뉴캐슬로 이사 와서 지리를 잘 몰라 버스를 잘못 타 늦었다고요. 하지만 담당관은 차후에 결정할 문제라는 말만 되풀이하며 정시 출석을 하지 않았으니 원칙에 따라 지원금을 삭감하겠다고 합니다. 보다 못한 다니엘이 자리에서 벌떡 일어나 외칩니다.

"못 들었나? 길을 몰라서 몇 분 늦은 거야. 애도 둘이나 데리고 있지 않느냐?"

하지만 직원들은 다니엘이 소란을 피운다며 경찰을 부르겠다고 합니다. 무엇이 문제냐며 되묻는 다니엘. 이날부터 다니엘과 그녀는 친구가 되었습니다. 그녀의 이름은 케이티. 런던 노숙자 쉼터를 떠나 뉴캐슬로 이사 온 그녀의 집에는 전기가 들어오지 않습니다. 아이들 전학 준비로 돈을 다 써버렸기 때문입니다. 충분히 보조금을 받을 수 있는 조건이었으나 예약 시간에 몇 분 늦어 궁지에 몰리게 되었습니다.

다음 날, 다니엘은 도서관을 찾아 생애 처음 인터넷에 도전합니다. 하지만 그에게 컴퓨터는 너무나 복잡했습니다. 아무것도 하지 않았는데 이용 시간이 끝나버렸습니다.

다시 고용센터로 향하는 다니엘, 일전에 친절을 베풀었던 직원 앤의 도움을 받지만 앤의 상사는 다니엘을 도와주는 앤을 못마땅해합니다. 어쨌거나 옆집에 사는 청년 덕분에 인터넷으로 서류 접수를 마친 다니엘은 케이티의 집으로 가서 그녀의 낡고 허름한 집을 수리해줍니다.

보조금을 받지 못한 케이티는 청소를 하겠다는 전단지를 돌리지만 여의치 않습니다. 배고픔을 참지 못해 식품 배급소에서 깡통을 따 손으로 음식을 꺼내 먹기도 하고 심지어 매춘까지도 합니다.

"300파운드나 벌었어요. 애들 줄 과일도 살 수 있어요."

사실 이런 케이티에게도 방송통신대학교에서 공부하고 싶은 꿈이 있습니다. 다니엘은 케이티를 응원하는 마음으로 작은 책장을 만들어 선물합니다.

사람이 자존심을 잃으면 다 잃은 거요

"구직 활동 증거도 모으셔야 해요."

실업급여의 일종인 구직수당을 받으려면 그동안 일자리를 구하기 위해 노력한 증거를 고용센터 직원에게 보여줘야 합니다.◆

"내 담당 의사는 아직 일하지 말라고 했소. 난 선택의 여지가 없소. 다른 수입이 없어요."

하지만 직원은 구직 활동을 더 하라고 압박합니다. 일을 하면 안 되는데 말이죠. 또한 이력서 작성 강의도 필수로 들어야 합니다. 강의를 듣지 않으면 제재 대상이 됩니다.

다니엘은 어쩔 수 없이 일을 구하러 다닙니다. 멀리 떨어진 윗동네까지 걷고 또 걷습니다. 그는 40여 년 동안 목수 일을 한 장인입니다. 건강 문제만 아니었다면 계속 일을 했을 겁니다. 다니엘도 일하고 싶습니다. 다니엘은 고용센터를 찾아가 그동안의 구직 활동 내용을 전합니다.

"동네를 다니면서 직접 이력서를 돌렸소."

"증명해보세요."

"맹세코 사실만 썼소."

"그걸로는 부족해요."

◆ 한국의 고용센터도 마찬가지입니다. 실업급여를 받는 동안 일자리를 얻기 위해 다녀온 사업장 담당자 명함이라도 제출해야 합니다.

로봇처럼 원칙만 쏟아내는 직원은 다니엘의 말을 믿지 않습니다. 오히려 다니엘의 이력서를 보고 깜짝 놀라며 4주 제재 대상이라며 심사관에게 보고하겠다고 합니다. 능력이 있는데 보조금을 타려고 일부러 취업을 하지 않는다고 생각했기 때문입니다. 구직 활동을 하면 안 되는 사람에게 구직 활동을 강요하면서 한편으로는 제대로 하지 않았다며 별다른 심사도 없이 보조금을 끊겠다고 통보하는 상황인 겁니다.

며칠 뒤 다니엘은 고용센터를 다시 방문했습니다.

"그냥 명단에서 내 이름을 빼주세요. 이제 그만하리다. 난 할 만큼 했소. 항고 날짜나 잡아주시오. 질병수당을 다시 받아야겠소."

고용센터 직원은 항고하는 데 몇 주가 걸릴 지도 모르니 그냥 수당 신청자로 남아있으라고 말하지만 다니엘의 결심은 확고합니다.

"사람이 자존심을 잃으면 다 잃은 거요."

다니엘은 문을 박차고 나갑니다.

그리고 고용센터 벽에 '나는 다니엘 블레이크이다'라고 씁니다. 이어서 '굶어 죽기 전에 항고일 배정을 요구한다. 상담전화의 구린 대기음도 바꿔라'라고 스프레이로 적습니다. 지나가던 행인들이 다니엘의 문구에 열광합니다.

'나는 다니엘 블레이크이다.'

이 문장에 행인들은 왜 열광했을까요? 우리는 때때로 자신의 존재를 잊고 삽니다. 내가 한 세상을 이루는 천부인권을 부여받은 인간이라는 사실을요. 질병수당을 받기 위해 전전긍긍하던 다

니엘도 자신을 그저 수당이나 타내려는 존재로만 인식하는 고용 센터 직원 때문에 자꾸만 의기소침해졌습니다. 하지만 다니엘은 결국 자신에게 그리고 그들에게 나아가 정부에게 자신은 생명을 지닌 존귀한 존재라는 사실을 당당히 알려주었습니다. '나는 다니엘 블레이크이다'라고 당당히 외친 겁니다. 그의 이런 의식에 안면도 없는 시민들이 연대합니다.

드디어 항고일, 다니엘은 케이트와 함께 고용센터를 방문했습니다. 센터 직원들도 만반의 준비를 하고 다니엘을 맞이했습니다.

"몇 마디 하려고 적어왔는데 괜찮겠소?"

다니엘이 직원에게 묻습니다. 이제 항고만 잘 넘기면 모든 게 끝입니다. 긴 싸움의 끝이 보입니다.

다니엘은 세수를 좀 하고 오겠다며 화장실로 갑니다. 그는 심장발작을 우려한 의사의 판단 때문에 일자리를 포기해야만 했습니다. 그런 다니엘에게 고용센터 직원은 구직 활동을 하도록 압박했죠. 드디어 오늘, 그 부당함을 알릴 수 있는 날입니다. 그런데 그날 갑자기 심장마비가 와서 다니엘은 화장실에서 쓰러져 죽고 맙니다.

다니엘의 장례식. 케이티는 그가 남긴 마지막 편지를 읽습니다.

"오전 9시는 가난뱅이 장례식이라 부른대요. 가장 저렴한 때니까요."

케이티가 울음을 참으며 다니엘이 항고할 때 말하고 싶었던 이야기를 대신 전합니다.

> 나는 보험번호 숫자도, 화면 속 점도 아닙니다. 개가 아니라 인간입니다. 이에 나는 내 권리를 요구합니다. 나, 다니엘 블레이크는 한 사람의 시민 그 이상도 그 이하도 아닙니다.

국민 기본소득 보장해야 할까

2016년 스위스는 18세 이상 모든 국민에게 한 달에 2,500스위스프랑(약 300만 원)을 지급하는 기본소득제도 도입을 놓고 6월에 국민투표를 실시했지만 부결되었습니다.

우리나라도 기본소득에 대한 논의가 대두되고 있는데요. 기본소득은 모든 국민에게 최저생계비◆에 해당하는 급여를 지급하는 보편적 복지제도입니다.

복지제도는 국민이 인간답게 살도록 보장하는 제도로 선별적 복지와 보편적 복지로 나뉩니다. 선별적 복지는 재산과 소득을 조사해 가난한 사람에게만 복지 서비스를 제공하는 것이고, 보편적 복지는 모든 국민에게 복지 서비스를 제공하는 것입니다. 기본소득은 재산이나 소득 수준을 따지지 않고 모든 국민을 대상으로 삼는다는 점에서 보편적 복지에 해당합니다.

기본소득제도 도입의 필요성이 제기되는 이유는 고용이 없는 성장 시대를 맞았기 때문입니다. 인공 지능과 사물인터넷, 로봇, 3D 프린팅 등 첨단 기술이 발전함에 따라 많은 일자리가 사라지고 있습니다. 기본소득보장제도는 일자리가 없는 사람들에게 최저 생계를 보장해 시장 경제를 유지하고 사회를 안정시키는 수단의 대안으로 제기된 것입니다.

◆ 기본 생활을 유지하는 데 드는 최소한의 비용을 말합니다.

기본소득 도입의 목소리가 커지는 이유는 기존 복지제도가 한계에 이르렀기 때문이라는 분석도 있습니다. 예를 들면 국민연금◆은 노후에 소득이 없는 국민의 생활을 안정시키기 위해 급여를 지급하는 대표적인 복지제도입니다. 소득이 있을 때 매달 보험료를 내야 하지요. 그런데 문제는 일자리나 소득이 없어 보험료를 내지 못하면 급여를 탈 자격을 갖추지 못하게 된다는 겁니다. 현재 그런 어려움을 겪고 있는 사람들이 점점 늘어나고 있습니다.

국가는 국민의 기본 생계를 보장해야 할 책임이 있습니다. 우리 헌법에는 "모든 국민은 인간다운 생활을 할 권리를 가진다."라는 조항이 있죠. 기본소득은 헌법에 보장된 국민의 권리를 충족시키기 위한 대안으로 최근 논의되고 있는 것입니다.

만약 영국에 기본소득제도가 시행되고 있었다면 어땠을까요? 다니엘은 수당을 받으려고 노력하다가 허망하게 죽지 않았을지 모릅니다. 케이티는 생계를 위해 매춘을 하지 않아도 되었을 것입니다. 기본소득은 재산과 소득에 상관없이 국민이라면 누구나 받을 수 있는 보편적 복지이니까요.

◆ 국민의 생활 안정을 위해 일정한 연령 이상의 국민에게 매달 연금을 지급하는 제도를 말합니다.

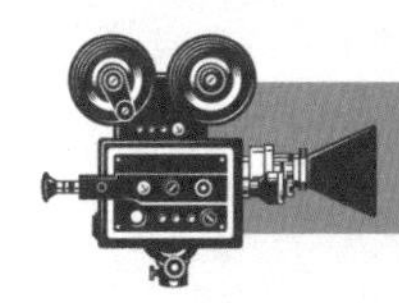

함께 보면 더 좋은 추천 영화

모던타임즈

감독: 찰리 채플린 | 1936년 | 전체 관람가

공장에서 나사 돌리는 일만 하던 찰리는 강박에 빠져 정신병원에 실려갑니다. 퇴원한 그는 거리를 방황하다가 시위대에 휩쓸려 감옥에 갑니다. 출소 후 그는 고아 소녀를 도와주면서 다시 일을 시작하지만 이내 거리로 내몰립니다. 찰리와 소녀가 백화점 안에서 행복한 시간을 보내는 장면은 그들이 속할 수 없는 자본주의를 상징하는 공간이기도 합니다.

아름다운 청년 전태일

감독: 박광수 | 1995년 | 15세 관람가

대한민국 경제 성장은 적은 임금으로 몸 바쳐 일했던 노동자들이 있었기에 가능했습니다. 봉제 공장 노동자로 일하던 전태일은 어린 여공들이 열악한 환경에서 몸이 망가지는 걸 보면서 노동법이 있는데도 제대로 시행하지 않고 있다는 사실에 분노합니다. 《근로기준법》을 가슴에 품고 "우리는 기계가 아니다"라고 외치며 불꽃 속으로 사그라든 전태일 열사의 이야기입니다.

미안해요, 리키

감독: 켄 로치 | 2019년 | 12세 관람가

〈나, 다니엘 블레이크〉 감독의 작품으로, 인생 끝자락에 몰린 택배기사의 이야기입니다. 택배기사 로키는 노동자로 보호받을 수 없습니다. 택배기사는 노동자로 예속되어있지만 계약은 개인사업자로 맺기 때문입니다. 과도한 업무로 가족과 갈등을 겪는 리키. 자본주의 사회의 가장 작은 구성단위인 가정이 몰락하는 과정을 통해 자본주의의 폐해를 고발합니다.

영화 감상 후 함께하는 토론 논술 활동

1

난이도 ★★★ 중등 사회

한때 목수였던 다니엘은 심장에 이상이 생겨 일을 쉬고 있습니다. 생계가 막막했던 다니엘은 실업급여를 받아야겠다는 생각으로 고용센터를 찾아가지요. 하지만 직원은 컴퓨터 사용법조차 제대로 알지 못하는 다니엘에게 인터넷을 이용해 신청서를 제출하라고 합니다. 또한 다른 부서로 일 처리를 떠넘기기도 하는데요. 여러분은 이런 상황을 어떻게 생각하나요?

2

난이도 ★★ 중등 사회

케이티는 충분히 보조금을 받을 수 있는 상황이었지만 약속 시간에 늦었다는 이유로 보조금 삭감을 통보받고 보조금 수령에도 어려움을 겪습니다. 이때 다니엘이 자리에서 벌떡 일어나 "못 들었나? 길을 몰라서 몇 분 늦은 거야. 애도 둘이나 데리고 있지 않느냐?"라고 외치지요. 만약에 여러분이 그 광경을 목격했다면 어떻게 했을 것 같나요? 이유도 함께 이야기해보세요.

3

난이도 ★★★ 중등 사회

자신의 부당함을 알리고 질병수당을 다시 요청하는 항고일에 다니엘은 화장실에서 심장마비로 죽습니다. 그가 죽음을 맞게 된 가장 큰 원인은 무엇이라고 생각하나요?

4

난이도 ★★★★ 고등 사회

우리나라의 소득 수준으로는 기본소득 도입에 필요한 재원을 마련할 수 없다는 주장이 있습니다. 재원을 확보하려면 1인당 국민소득이 3만 달러를 넘어야 한다는 겁니다. 하지만 찬성하는 사람들은 사회적 합의가 소득 수준보다 더 중요하다며 매달 지급하는 급여를 조율하면 지금의 국민소득 수준으로도 필요한 재원을 확보할 수 있다고 말하죠. 여러분은 기본소득제도 도입에 대해 어떻게 생각하나요?

5

난이도 ★★★ 중등 사회

실업급여를 받기 위해 매일같이 고용센터를 드나들지만 고전을 면치 못하는 다니엘과 런던에서 뉴캐슬로 이주한 케이티는 사회의 복지제도권 내에서 보호받지 못합니다. 제도권에 속한 공무원들도 아무런 도움을 주지 않았죠. 감독이 이 작품을 통해 말하고자 하는 메시지는 무엇일까요? 여러분의 의견을 논술해보세요.

홈리스?
No! 하우스리스

〈노매드랜드(Nomadland)〉

클로이 자오 감독 | 2020년 제작 | 12세 이상 관람가

닌텐도에서 만든 '모여봐요 동물의 숲'이라는 게임은 무인도에서 정착 지원금을 받아 다양한 활동으로 빚을 갚고 자신만의 공간을 만들어가는 게임입니다. 전 세계적으로 유명한 이 게임을 우리나라 게이머들은 조금 다르게 접근한다고 합니다. 다른 나라 사람들은 과일을 따 먹거나 낚시를 하는 등 자신들의 욕구를 즐기며 천천히 빚을 갚아가는데 유독 한국인들은 계획을 세워 빚을 갚는다는 것이죠. 게임 속에서는 집값이 갑자기 오르지 않고 성실하게 일하면 빚을 빨리 갚을 수 있기 때문인지도 모릅

니다. 아니면 내 집 마련의 꿈을 이룬 듯한 뿌듯함 때문인지도 모르죠. 현실에서는 불가능한 일이 이루어지는 기쁨을 주는 이 게임은 지금도 불티나게 팔리고 있다고 합니다.

2007년 미국에서 서브프라임 모기지 사태가 발생했습니다. 은행이 실적을 올리기 위해 죽은 사람은 물론 집에서 기르는 개에게까지 대출을 해주었습니다. 사람들은 무리하게 대출을 받아 집을 샀으나 부동산 거품이 꺼지면서 금리는 인상되고 집값은 폭락했지요. 도미노처럼 금융기관이 무너지고 원리금을 갚지 못한 서민이 줄줄이 생겼습니다. 그러면서 그 부담은 주택담보대출을 한 힘없는 중산층 서민들이 고스란히 떠안게 되었지요. 임금과 집값의 격차가 너무 커져 집에 대한 비용을 포기한 사람들은 집을 잃고 길거리로 나서기 시작했습니다. '노매드', 즉 유목민이 되어 미국 곳곳을 돌아다니며 사는 방법을 택한 것입니다.

우리나라도 국내총생산 대비 가계부채비율이 세계 39개 주요국 중 1위◆이며 기업부채 규모도 한국 비금융기업 부채의 GDP 대비 비율 104.6%로 7위를 기록하고 있습니다. 여기에는 주택담보대출이 많은 비중을 차지하고 있습니다.

◆ 국제금융협회(IIF)에 따르면 2020년 1분기 기준 GDP 대비 가계부채비율 조사에서 한국이 97.9%로 가장 높았습니다. 이어 영국(84.4%), 홍콩(82.5%), 미국(75.6%), 태국(70.2%) 등의 순이었습니다. 증가 속도 또한 빠르다. 지난해 4분기(92.1%)보다 5.8%포인트 상승했는데 이는 홍콩(73.5→82.5%), 중국(52.4→58.8%)에 이어 세 번째로 큽니다. (경향신문 2020.7.20. 한국, GDP 대비 가계부채비율세계최고 中)

가계부채 중 주택담보대출은 부채를 갚지 못하면 집이 은행으로 넘어가는 위험이 있지만 사람들 대부분은 주택담보대출로 은행에 빚을 지고 있습니다. 그렇다면 집을 담보로 80~90% 이상 대출을 해준 미국 은행들은 아무 잘못이 없을까요? 서브프라임 모기지 사태에 대한 책임을 대출받은 중산층이 떠안고 그들이 집 없이 살아가는 것이 맞는 걸까요?

집은 마음의 안식처인가, 아니면 허상인가?

네바다의 엠파이어 공장이 88년 만에 문을 닫자 일자리를 잃은 남편이 그 충격으로 부인 곁을 떠났습니다. 죽은 남편이 남긴 것이라고는 주택담보 대출금뿐입니다. 집을 팔아 대출금을 갚고 나니 펀에게는 밴 한 대만 남았네요. 회사가 없어지면서 도시도 사라지고 우편번호도 사라졌습니다. 그곳에서 마지막 짐 정리를 하는 펀은 남편의 작업복을 껴안고 눈물을 흘립니다. 작업복에는 남편이 그동안 성실히 일해왔던 모든 것이 담겨있었죠.

홀로서기를 시작한 펀은 밴을 몰고 캠핑장을 찾습니다. 그리고 아마존에 단기 채용되어 일도 시작했습니다. 축구장 19개 크기의 아마존에서 하루 평균 16~32㎞를 걸어 다니며 일하는 것은 중년 여성에게는 고된 노동입니다. 아마존에서 잠시 앉을 틈도 없이 10시간 이상 일하는 펀은 피곤합니다.

마트에 들러 장을 보다가 만난 이웃이 차에서 생활하는 펀에게 지낼 곳이 없으면 자기 집에 와서 살아도 좋다고 합니다. 펀은 이를 거절하죠. 추위에 떨면서 이불을 겹겹이 덮고 자야 하지만 펀은 노매드의 삶을 선택합니다. 자신을 불쌍하게 보는 눈이 더 싫기 때문입니다. 펀도 한때는 남편과 함께 편안하고 행복한 시간을 보낼 집이 있었습니다. 그러므로 지금은 그저 살 집이 없는 하우스리스houseless이지 홈리스homeless가 아닙니다.

린다는 열두 살 때부터 일했지만 그녀가 매달 받는 국민연금은 550달러입니다. 린다를 보면 조지 오웰의《동물농장》에 나오는 복서가 생각납니다. 성실히 일하면 좋은 일이 생길 거라고 생각하며 묵묵히 일하는 복서는 권력의 희생양이 되어 노예처럼 부림을 당하고 결국에는 죽음을 맞이합니다. 린다도 평생을 일했지만 남은 것은 아무것도 없습니다. 그것은 그녀 개인의 문제일까요? 아니면 사회제도의 문제일까요? 성실히 일했는데 그녀의 손에 남은 것은 왜 아무것도 없는 것일까요?

린다는 자식에게 짐이 되기 싫어 집을 나오고 싶지만 자신이 가진 돈으로는 집을 구하기 어렵습니다. 그래서 집 대신 차를 선택했습니다. 집을 나온 예순네 살의 린다는 추수감사절과 크리스마스에도 아마존에서 일하고 나머지 기간은 캠프장 관리 일을 합니다. 평생 열심히 일했지만 머무를 장소가 차밖에 없는 신세가 되어 저임금 노동자로 살아가고 있습니다.

이들은 왜 모두 아마존에서 일을 할까요? 아마존이 노인을 고용하는 이유는 두 가지입니다. 첫째, 노인들은 노조를 만들지 않아서입니다. 기업은 마음껏 노동자를 부리고 정당한 임금을 지급하지 않아도 됩니다. 둘째, 노인을 고용하면 국가로부터 세제 혜택을 받기 때문입니다. 결국 기업 측면에서 볼 때 두 마리 토끼를 잡는 셈입니다. 저임금으로 노동 문제를 해결한 아마존은 막대한 이익을 창출하는 공룡 기업이 되었지만 노동자들의 삶은 점점 작아졌습니다. 그리고 대중은 저임금 노동자에게는 관심이 없습니다. 그저 아마존에서 편리하게 물건을 구입하기만 하면 될 뿐입니다.

노인 노동자들은 도와달라고 이야기하지도 않고 자신의 힘듦을 불평하지도 않습니다. 그들은 자신의 삶을 의연하게 받아들입니다. 항상 웃고 농담을 즐기는 여유와 남을 도와주기 위해 애쓰는 모습에서 그들이 삶에서 중요하게 여기는 것은 따로 있다는 것을 알 수 있습니다.

집은 없지만 더 많은 것을 가진 것 같은 그들의 모습에서 노매드의 삶을 생각해봅니다. 만약 펀과 린다가 집을 구한 후 원금과 이자를 갚기 위해 애쓰며 살았다면 이런 여유가 있었을까요? 자본주의 삶의 방식에서 벗어난 린다와 펀은 자연과 사람에게서 위로와 평화를 누리는 진짜 삶을 찾았습니다.

시간을 낭비하지 마! 인생은 짧아

펀의 차가 고장났습니다. 자동차 수리점에서는 이 차를 팔고 수리비를 보태 새로운 차를 구매하라고 조언합니다. 하지만 펀은 그럴 수 없습니다. 펀에게 차는 필요하면 쓰다가 버리는 소모품이 아니라 삶의 한 부분이기 때문입니다. 차를 고치기 위해 펀은 언니를 찾아가 도움을 청합니다. 그러고는 오랜만에 만난 언니 부부와 친구들과 함께 저녁 식사를 합니다.

"2008년에 집을 더 샀으면 돈을 많이 벌었을 텐데."

"하던 일을 그만둔 것은 해결책이 아니야."

펀에게 하는 이야기인지 아니면 돈 벌 기회를 놓친 것에 대한 아쉬움인지 알 수 없는 이런 조언에 펀은 불편해집니다. 결국 누군가의 아픔을 기회라고 생각하고 돈을 벌려고 하는 친구들에게 화를 내지요. 하지만 언니는 펀에게 이야기합니다.

"넌 용감하고 정직했어."

동생의 삶을 지켜봐온 언니는 비록 돈은 없지만 용감하고 정직하게 살아온 펀을 응원합니다. 언니는 펀이 떠난 게 가장 큰 상실이었다며 같이 살기를 원합니다. 하지만 펀은 정착할 기회를 버리고 떠납니다.

인간은 왜 정착해서 살아갈까요? 그리고 정착하는 데 얼마나 많은 물건과 돈이 필요할까요? 노매드에게는 최소한의 장소와 물건(화장실로 사용할 양동이 정도)만 있으면 됩니다. 집과 돈은 살

아가는 수단이지 목적이 될 수 없습니다.

집과 돈을 목적으로 삼으면 삶은 피곤하고 힘들어집니다. 펀이 집을 떠나는 것은 생존을 위한 행보입니다. 다른 사람에게는 펀의 삶이 비참해 보이겠지만 펀에게는 함께할 광활한 자연이 있고 길이 있습니다. 자연이 주는 기쁨과 안식에 펀은 노매드의 삶을 그 어떤 집보다 만족해합니다.

성공이란 무엇일까요? 결혼하고 아이를 갖고 집을 사서 사는 삶이 성공이라는 프레임 안에 갇혀 너무 많은 욕심을 부리고 있는 것은 아닐까요? 노매드의 삶은 가진 자들에 의해 밀려난 것처럼 보이지만 오히려 이들은 자신의 삶을 묵묵히 그리고 의연하게 살아갑니다. 아프고 힘든 상황에 놓인 친구들을 보듬어주고 안아주고 챙겨줄 여유가 이들에게는 있습니다.

다시 노매드들의 캠프장을 찾은 펀은 혼자 살아가는 연습을 합니다. 빨래방에서 같이 퍼즐을 하던 린다도, 차의 도색을 도와주던 스웽키와 데이브도 없지만 혼자서 살아가야 하는 이유가 있습니다. 자신이 원하는 삶이기 때문이지요. 인생은 그리 길지 않습니다. 진정으로 내가 원하는 것이 무엇인지 자신의 목소리에 귀 기울이며 펀은 보이는 집이 아닌 '삶의 집'을 만들어갑니다.

〈노매드랜드〉 감독 클로이 자오는 "21세기의 삶을 은유로 표현한 것이 노매드의 삶이다. 우리는 계획을 세우고 가능하면 계획에 따르려고 노력하겠지만 필요하면 계획을 과감히 버려야 할 때도 있다. 그것이 우리의 삶이자 노매드가 추구하는 것이고 우리 제작진이 이 영화에서 실행한 것이다."라고 이야기합니다.

기억하는 한 살아있는 것이다

시한부 판정을 받은 스웽크는 자신의 남은 삶을 정리하면서 가지고 있는 물건을 사람들에게 나눠줍니다. 비싸고 화려한 물건들은 아닙니다. 남들이 보면 쓰레기로 보일 수 있지만 그 물건들에는 스웽크의 이야기가 남아있습니다.

스웽크는 자신의 마지막 생을 병원에서 보내고 싶지 않습니다. 자신이 행복했던 이유는 좋은 집과 돈이 아니라 카약도 타보고 야생 무스◆를 볼 수 있었기 때문이라고 합니다. 그는 죽음을 스스로 선택하고 싶습니다. 자신이 죽은 후 사람들이 불 앞에 모여 돌을 던지며 자신을 한 번쯤 기억해주기를 바랍니다. 그래서 마지막 남은 삶을 자유롭게 보내기 위해 죽음 앞에서 의연한 모습으로 밴을 몰고 알래스카로 떠납니다.

밥 웰스는 이혼 후 남은 1,200달러로 매달 살아가야 하지만 집세로 내야 하는 800달러가 부담스러워 집 대신 과감히 밴을 구입합니다. 자신의 이혼으로 자살한 아들을 생각하면 살아가야 할 이유도 모르겠고 어떻게 살아야 하는지 답도 찾지 못했지만 밥은 사람들을 도와주며 사는 삶을 선택합니다. 웹사이트를 만들어 노매드들과 연대를 구축한 밥은 길 위에서 만나는 사람들과 함께 사는 삶에는 영원한 이별이 없다는 것을 깨닫지요. 헤어지지만 또 다른 만남으로 이어지고 언젠가는 또 만나는 삶. 밥은 죽은 아들도 언젠가는 만나게 될 거라는 희망을 품어봅니다.

펀은 남편의 죽음을 슬퍼하기보다는 그를 기억하기로 합니다. 남편이 죽은 후 엠파이어를 떠날 때는 현실을 도피하려는 이유가 컸지만 이번에는 자신의 길을 찾아 또 다른 인생을 만들어가기 위해 길을 떠납니다.

〈노매드랜드〉는 제93회 미국 아카데미 시상식에서 작품상과

◆ 사슴과 동물 가운데 몸집이 가장 크며, 특히 알래스카에 분포하는 무스는 지구상에서 가장 큰 몸집을 자랑합니다. 수컷의 경우 10세 무렵에 가장 커지며 다 큰 수컷의 몸무게는 726kg, 신장은 198cm 정도입니다. 평균 수명은 16세입니다.

여우주연상, 감독상을 받았습니다.◆ 중국계 미국인인 클로이 자오 감독과 주인공이면서 제작자인 프란시스 맥도맨이 실제 노매드들을 배우로 기용해서 연기를 한다기보다는 실제 이야기를 풀어나가는 다큐멘터리 같은 느낌이 듭니다. 영화에 참가한 실제 노매드들은 맥도맨이 배우인 줄 몰랐다고 합니다. 실제로 자신과 같은 노매드인 줄 알았다고 해요. 〈노매드랜드〉는 자본주의 모순을 지적하기보다는 '노매드'라는 새로운 형태의 문화가 형성되면서 삶에 대한 새로운 시선을 제시하고 있습니다.

◆ 그 외에도 영국 아카데미 시상식과 미국 감독 조합상, 베니스 영화제 등 많은 상을 수상한 작품입니다.

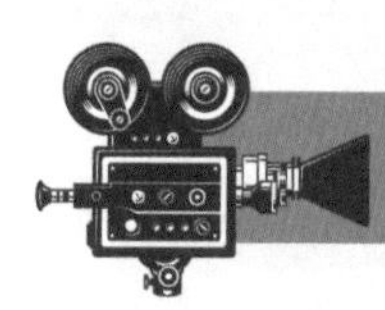

함께 보면 더 좋은 추천 영화

기생충

감독: 봉준호 | 2019년 | 15세 이상 관람가

부자인 박 사장 집에 백수로 사는 기택네 식구들이 들어가 살면서 일어나는 사건을 통해 우리 사회의 빈부격차와 계급, 자본주의의 문제점을 이야기합니다. 그 집에 빌붙어 살려고 하는 기택네 식구 외에 지하에 사는 가정부 부부가 등장하면서 생각지도 못한 사건이 발생합니다.

위대한 개츠비

감독: 베즈 루어먼 | 2013년 | 15세 이상 관람가

자신을 사랑했지만 부자인 톰과 결혼한 데이지를 되찾기 위해 개츠비는 울프심 일당과 밀주 거래를 하며 불법적으로 부를 축적합니다. 데이지의 집 근처에 저택을 구입한 게이츠는 데이지를 만나려고 파티를 엽니다. 그러나 어긋난 사랑을 되찾기 위해 해서는 안 될 일을 하다가 끝내 쓸쓸히 죽음을 맞이합니다.

센과 치히로의 행방불명

감독: 미야자키 하야오 | 2002년 | 전체 관람가

일본의 버블 경제에 거품이 빠지면서 시골로 이사가게 된 치히로 가족은 길을 잘못 듭니다. 그곳에서 부모님은 돼지로 변하고 열 살인 치히로는 유바바 온천장에서 일을 해야 합니다. 석탄을 하루종일 나르는 검댕이, 손이 여섯 개나 있어 두세 사람 이상 몫의 일을 하면서도 밥 먹을 시간조차 없는 가마 할아버지. 일만 하느라 나라는 존재가 사라지는 자본주의 사회의 모습을 보여주고 있습니다.

영화 감상 후 함께하는 토론 논술 활동

1

난이도 ★★★ 중등 사회

2007년 미국에서 발생한 서브프라임 모기지에 대해 조사해보고 우리나라에 미친 경제 영향에 대해 논술해봅시다.

2000년대 초반 IT 버블 붕괴, 9.11테러, 아프간-이라크 전쟁 등으로 경기가 악화되자 미국은 경기부양책으로 초저금리정책을 펼쳤다. 이에 따라 주택융자 금리가 인하되었고 그 결과 부동산 가격이 상승하기 시작했다. 주택담보대출인 서브프라임 모기지의 대출금리보다 높은 상승률을 보이는 주택 가격 때문에 파산하더라도 주택 가격 상승으로 보전되어 금융 회사가 손해를 보지 않는 구조여서 거래량은 대폭 증가했다. 하지만 2004년 미국이 저금리정책을 종료하면서 부동산 버블이 꺼지기 시작했으며 서브프라임 모기지론 금리가 올라갔고 저소득층 대출자들은 원리금을 제대로 갚지 못하게 되었다. 금융기관들은 대출금 회수 불능 사태에 빠져 손실이 발생했고 그 과정에 여러 기업이 부실화되었다. 미국 정부는 개입을 공식적으로 부정했고 미국의 대형 금융사, 증권 회사의 파산이 이어졌다. 이는 세계 경제 시장에까지 타격을 주어 2008년 이후 세계 금융위기까지 이어지게 되었다.

- 출처: 위키백과

2

난이도 ★★★ 중등 사회

영화에서는 노매드의 삶을 살아가는 젊은이들의 모습도 볼 수 있습니다. 젊은 사람들도 노인들처럼 외부의 영향으로 어쩔 수 없이 이러한 삶을 선택한 것일까요? 아니면 주체적으로 살기 위한 선택일까요? 2007년 미국의 경제 상황과 함께 이야기해봅시다.

3

난이도 ★★ 중등 사회

영화에 등장하는 인물은 주로 노년의 여성입니다. 미국이나 우리 사회에서 여성, 특히 노년의 여성들이 겪는 사회 구조에 대해 토론해봅시다.

4

난이도 ★★★ 고등 사회

주인공들은 대개 500달러 정도의 연금으로 생활해야 합니다. 그 돈으로는 주거 비용을 마련하기도 힘들어 일자리를 찾아 나섭니다. 연금제도의 장단점에 대해 알아봅시다.

5

난이도 ★★★ 고등 사회

노인들이 축구장 16배 크기의 아마존에서 10~12시간 일을 합니다. 아마존은 노인들을 노동자로 고용하면서 얻는 이익 때문에 그들을 포기하지 못합니다. 이러한 노동 시장의 문제점과 한국 사회에서 일어나는 노동자 차별 사례를 찾아보고 문제점과 해결 방안에 대해 논술해봅시다.

떠난 자와 남겨진 자 사이의 숫자

〈워스(What Is Life Worth)〉

사라 코랑겔로 감독 | 2020년 제작 | 12세 관람가

⚜ ⚜ ⚜

"What is Life Worth?(생명의 값은 얼마인가?)"

누구든 선뜻 대답하기 어려운 이 질문을 일상처럼 맞닥뜨려야 하는 사람이 있습니다. 바로 협상전문변호사*입니다. 베테랑 협상전문변호사인 켄은 대학 강단에서 학생들에게 '숫자'에 대해 가르칩니다. 켄은 학생들에게 묻습니다.

---

* 협상전문변호사는 주로 기업 분쟁이나 국가가 보상을 해야 하는 사건 현장에서 일합니다. 서로의 이익이 충돌해 문제가 확대되지 않도록 상황을 파악하고 최선의 해결책을 찾아 피해자와 협상을 합니다.

"What is Life Worth?"

그리고 농장에서 일하다가 농기계에 끼어 숨진 자의 유족에게 농기계 회사가 얼마를 지급해야 할지를 묻습니다. 학생들은 유족의 입장에서 혹은 변호사의 입장에서 각각 토론을 벌이다가 270만 달러에 합의를 봅니다. 그 순간 켄은 말합니다.

"됐어. 거래가 성사됐군. 철학적인 과정을 고려하지 않고 법적으로만 봤을 때 이 질문에는 정답이 있어. '사람의 목숨 값은 얼마인가?' 숫자가 답이지. 그게 바로 우리가 하는 일이라고."

영화는 시작부터 켄의 입을 빌려 관객에게 질문을 던집니다. 과연 생명의 가치는 무엇이며 얼마로 계산되어야 하느냐고요.

〈워스〉는 실화를 바탕으로 한 영화입니다. 2001년 전 세계를 충격에 빠뜨렸던 9.11테러에 대한 유족 보상금 지급을 위해 피해자 보상 기금 특별위원장으로 나섰던 케네스 파인버그의 이야기입니다. 영화의 원작은 2005년 발간된 케네스 파인버그의 회고록입니다.

협상의 시작

역사상 전대미문의 사건인 9.11테러를 당해 혼란 상태에 빠진 미국 정부는 피해자의 보상 문제를 해결하기 위한 정부 측 협상 전문가로 켄을 호출합니다. 각 분야 전문가와 담당자들이 모인 자리에서 정부는 신속하게 특별법을 마련해 유족에게 보상금을 지급해야 한다고 말합니다. 만약 이 일이 늦어지고 유족들이 소송을 걸어오면 항공사들은 파산할 것이고 국가 역시 심각한 경제적 타격을 받을 것이기 때문입니다. 시간은 24개월. 2년 안에 보상금에 합의하는 유족이 80% 이상 되어야 이 프로젝트는 성공입니다. 켄은 고심 끝에 이 일의 선두에 서겠다고 합니다. 그것도 완전히 무보수로요. 앞으로 닥칠 갖가지 논란 앞에 자신의 진정성을 보이기 위한 최선의 방법이라고 생각했기 때문입니다.

켄이 해야 하는 일은 사람의 목숨 값을 돈으로 계산하는 일입니다. 자본주의의 근간이 되는 숫자 놀음을 존엄한 인간의 죽음 앞에서 작동시켜야 합니다. 켄은 갖가지 사연을 품은 피해자들 앞에 조심스럽게 그러나 냉철한 모습으로 섭니다. 그리고 피해자 보상 기금을 지급하기 위해 그의 팀이 마련한 산출 공식에 따라 피해보상금을 처리할 것이라고 통보합니다. 그러나 유족들은 분노합니다. 왜 보상금이 똑같지 않은지 따져 묻습니다. 생명의 경중은 그 누구도 판단할 수 없는데 말이지요.

흥분한 유족들 사이에 아내를 잃은 찰스가 나타나 켄의 말을 끝까지 들어보자고 주장합니다. 차분하게 다른 사람들을 다독이며 자신의 아내를 오직 숫자로 대하는 켄의 태도를 조리 있게 비판합니다. 앞으로 찰스가 켄의 방식에 반대하며 어떤 행동을 시작할 것임을 예고하는 장면입니다.

찰스는 유가족들의 의사를 대변할 'Fix the Fund'라는 홈페이지를 만들고 기금 산출 방식의 문제점을 집어내며 유가족들의 마음을 모읍니다. 개개인의 사정에 맞는 적절한 보상이 되고 있는지, 불합리한 점들을 찾아냅니다. 켄과 찰스의 근본적인 차이는 협상 전문가와 유족의 차이가 아니라 '숫자'와 '사람'의 차이였던 것입니다.

물론 켄에게도 사태를 해결하고 유족들을 돕고자 하는 진심이 있었을 것입니다. 그런데도 켄이 추진하는 보상 기금의 합의률이 1년이 넘도록 20% 선에 머무를 수밖에 없었던 원인은 켄의 팀원들이 능력이 없어서도 아니고 켄이 정부와 항공사 입장만 대변하는 인물이어서도 아니었습니다. 단지 남은 자들의 슬픔을 개개인으로 대하지 못했기 때문입니다. 켄에게 유족들은 처리해야 할 복잡한 문제에 지나지 않았습니다. 이것은 비단 켄의 문제일 뿐 아니라 자본주의 사회에 길들여진 현대인 대부분의 모습입니다.

산출 공식의 허점

켄과 그의 팀이 보상 기금 문제를 처리하기 위해 가장 먼저 한 일은 산출 공식을 정하는 것이었습니다. 그 최선의 합의점을 찾기 위한 험난한 프로젝트를 시작합니다. 예상했던 대로 문제는 여기저기에서 터집니다. 가난과 편견 속에 살던 이민자들은 켄의 팀이 제안한 보상금 액수에 감사할 따름입니다. 그러나 사회적 지위와 권력이 있는 이들은 좀 더 높은 보상금을 요구합니다. 이 일을 위해 변호사를 고용해 켄에게 보내기도 합니다.

〈워스〉는 산출 공식의 허점을 드러내기 위해 특별한 상황을 보여줍니다. 산출 공식의 틀 안에 가둘 수 없는 인물들을 등장시키면서요. 결혼을 인정받지 못하고 동거하던 동성애자 부부. 죽은 소방관과 내연 관계에서 생긴 자녀. 이들은 남겨진 자가 되었으나 남겨진 자로 인정받지 못할 처지에 놓여있습니다. 불만은 예상했지만 완벽에 가까울 것으로 자부했던 산출 공식이 다양한 삶의 군상 앞에서 혼란에 빠질 수밖에 없었습니다.

인간이 공동체 안에서 살아가는 것은 필연입니다. 그러나 공동체와 구성원을 위해 만들어진 제도와 규칙은 평등을 지향하나 불평등의 씨앗이 되기도 하고, 평화를 추구하나 폭력이 되기도 합니다. 사람들이 속해있는 각각의 상황은 제도와 규칙, 산출 공식 따위로는 예단할 수 없는 수만 가지이기 때문입니다. 유족과 국가 모두가 만족할 만한 해결점을 찾고 있었지만 켄이 놓친 것은 바로 이 부분입니다.

치유의 실마리

좀처럼 80%라는 목표치에 다다를 수 없었던 켄의 팀은 점점

지쳐갑니다. 답보 상태에서 벗어나지 않으면 보상 기금 해결은 수포로 돌아갑니다. 자신만만했던 켄은 초조해집니다.

켄과 함께 일하는 프리야는 무너지는 쌍둥이 빌딩에서 탈출해 간신히 살아남은 사람입니다. 그녀는 유족들이 있는 곳이면 어디든 달려가 남겨진 자들의 사연을 듣고 공감해줍니다. 그녀의 행보를 보고 있으면 감정 소모적인 방법이 일 처리에 도움이 될까 하는 의문이 생깁니다. 오히려 그들의 아픔을 객관화시켜 바라보아야 일을 공정하게 처리할 수 있지 않을까라는 염려도 생깁니다. 그러나 그녀는 시종일관 유족들을 진심으로 만나고 이야기를 들어주는 데 열정을 다합니다. 그리고 그 방법이 옳았다는 것이 서서히 증명됩니다.

팀원들이 모두 퇴근한 시간, 홀로 고심하던 켄은 상담 온 소방관의 아내와 만납니다. 그녀는 오열하며 남편은 자신의 전부였으며 보상금 같은 것은 필요 없다고 말하고 나가버리지요. 켄은 흔들립니다. 숫자로만 보았던 사람들의 처절한 슬픔과 맞닥뜨리는 순간이었습니다.

그는 다시 찰스를 만납니다. 찰스가 문제 해결의 열쇠가 될 수도 있다고 생각했던 겁니다. 찰스는 켄에게 묻습니다.

"우리 이름은 아세요?"

이름은 개개인의 개성과 삶을 뜻합니다. 찰스는 남은 한 사람 한 사람의 상황을 이해하고 진심으로 해결하려는 노력이 그들의 마음을 움직일 것이라고 충고합니다. 드디어 켄은 팀원들에게 이야기합니다.

"할 거면 끝까지 가봐야지. 하다가 포기할 순 없어. 모든 청구건을 일일이 살펴봐야 해. 우릴 찾아오지 못한다면 우리가 찾아가야 해."

켄은 드디어 문제를 해결할 실마리를 찾았습니다. 진정성 있는 협상, 그 간단한 해답에 가까이 가기 위해 켄과 그의 팀은 긴 시간을 돌고 돌았던 것입니다.

〈워스〉의 원제목은 켄이 대학 강단에서 던졌던 "What is Life Worth?"입니다. 영화의 엔딩 크레딧이 올라갈 때쯤 여러분은 이 질문에 무엇이라고 답할 수 있을까요?

함께 보면 더 좋은 추천 영화

인타임

감독: 앤드류 니콜 | 2011년 10월 | 12세 관람가

모든 비용이 시간으로 계산되는 세계, 사람들은 자신에게 주어진 시간으로 음식을 사고, 버스를 타고, 집세를 내는 등 삶에 필요한 모든 것을 시간으로 계산합니다. 주어진 시간을 모두 소진하면 즉시 사망합니다. 시간이 돈이 되는 세계에서도 존재하는 빈익빈 부익부의 부조리를 통해 현시대 자본주의의 모습을 비춰볼 수 있습니다.

행복한라짜로

감독: 알리체 로르와커 | 2018년 | 12세 관람가

시간이 멈춘 것 같은 아름다운 시골 마을 인비올라타. 라짜로는 이곳에서 가장 무시당하는 하층민입니다. 억울한 죽음까지 당하지만 다시 눈을 떴을 때 세상은 변해 있습니다. 판타지한 설정으로 라짜로를 살려냄으로써 가진 자의 횡포 아래 살아가던 과거와 오늘날의 변함없는 현실을 드러내줍니다.

영화 감상 후 함께하는 토론 논술 활동

1 난이도 ★★ 중등 사회

인터넷을 이용해 9.11테러 사건의 배경과 사건 개요를 조사해보세요.

2 난이도 ★★★★★ 고등 사회

영화는 9.11테러 희생자들이 살아있을 때 그들의 환경이었던 부의 불평등을 바탕으로 죽음의 보상 액수까지 불평등함을 겪는 장면을 보여줍니다. 이렇게 빈익빈 부익부로 양극화된 사회는 제도의 개선을 이루지 못한 정부의 탓일까요? 개인의 무능 탓일까요?

3 난이도 ★★★★ 중등 도덕, 사회

우리나라의 세월호 참사 보상 문제도 9.11테러의 보상만큼 많은 논란을 일으켰습니다. 차등한 보상금 지급이 논쟁 거리가 되기도 했는데요. 만약 내가 세월호 참사 보상을 위한 협상전문변호사라면 가장 먼저 무엇을 해야 할까요?

4

난이도 ★★★ 중등 도덕

영화에 등장하는 소방관의 사례는 도덕적 갈등을 일으킵니다. 소방관이 외도로 이룬 가정의 자녀에게 보상금을 주어야 할까요? 주지 말아야 할까요? 여러분의 의견과 이유를 써보세요.

5

난이도 ★★★ 중등 도덕

사람의 목숨이 돈으로 환산되는 보험금이나 보상금 같은 것 때문에 심각한 범죄가 생기기도 합니다. 우리 사회에서 인간의 가치를 돈으로 환산하는 사례는 어떤 것이 있을까요?

2부

과학 기술의 두 얼굴

진짜 같은 가짜,
가짜 같은 진짜

〈매트릭스(The Matrix)〉

릴리 워쇼스키, 라나 워쇼스키 감독 | 1999년 제작 | 12세 관람가

⚜⚜⚜

코로나19처럼 전염성이 강하고 치명률 높은 바이러스가 발생하면 방역을 위해 사람 간 접촉을 제한합니다. 코로나19가 발생한 후 우리 사회는 많은 변화가 생겼는데 그중 하나가 공간의 전환입니다. 게임, 온라인 문화·산업 등이 발전함에 따라 현실 공간에서 가상의 사이버 공간으로 교류 형태가 다양해지고 있었지만 코로나19 이후 학교 교육, 종교 생활, 업무, 취미 활동 등 대부분의 활동이 오프라인에서 온라인으로 이전하는 인류 대이동이 이루어졌습니다. 그러면서 현실 공간과 가상 공간의 경계가

희미해졌지요.

지금으로부터 20여 년 전, 우리 앞에 놓인 현실을 그대로 그려낸 영화가 있습니다. 바로 〈매트릭스〉입니다. 이 영화는 종교학, 언어학, 철학 등 여러 학문의 중요한 개념을 담고 있다는 점에서 많은 연구와 비평이 이루어졌습니다. 360도 카메라 세팅이라는 혁신적인 영화 기법을 고안해 관객에게 시각적 즐거움을 준 영화이기도 합니다. 영화에 가득 채워진 상징과 모티프는 다양한 생각을 하게 했고, 현실과 가상이 모호해진 미래 사회를 예측했다는 점에서도 영화사에서 손꼽히는 작품입니다. 〈매트릭스〉를 통해 코로나19가 현실로 끌어온 가상이라는 개념과 인간 존재의 의미에 대해 생각해보면 좋겠습니다.

삶의 목적은 행복, 삶의 의미는 불행을 해결하는 과정에서

〈매트릭스〉의 주인공인 앤더슨은 낮에는 소프트웨어 회사원으로, 밤에는 네오라는 이름의 해커로 활동합니다. 전설의 해커 모피어스는 네오에게 접근해 이 세계는 현실이 아닌 기계가 만든 매트릭스라는 가상 프로그램이라는 진실을 알려줍니다. 인간은 왜 현실 세계가 아닌 가상 프로그램인 매트릭스에 살게 되었을까요?

이 영화를 보면 21세기 인류에 AI가 등장합니다. 자의식을 가진 AI는 차츰 인간에게서 벗어난 독립적인 존재로 나아가기를 원했고 이를 위해 인간과의 관계 변화가 필요했습니다. 반면 인간은 무방비하게 AI에 의존하고 점차 능력을 잃어가고 있음을 느끼게 되었지요. 지금 우리가 스마트폰이 없으면 하루도 지내기 어렵다는 걸 아는 것처럼 말이지요.

인간은 AI의 능력이 무한하게 확장되는 것을 보고 어느 순간 두려움을 느껴 AI를 없애려고 합니다. 그러나 자신들의 능력으로는 AI를 제거할 수 없으므로 기계의 에너지원인 태양을 없애는 극단적인 선택을 합니다. 태양 에너지의 소멸로 에너지가 고갈됨에 따라 생존에 위협을 느낀 AI는 에너지 공급을 위해 지구의 유일한 에너지원인 인간을 배터리로 사용합니다.

인간을 배터리로 사용하려면 생명을 유지시켜야 합니다. 그래서 기계는 인간이 생명을 유지할 수 있도록 가상 세계인 매트릭스를 설계합니다. 인간의 특성을 파악했기 때문에 가능한 일이었습니다. 인간이 무엇에 삶의 의미를 부여하고 생을 이어나가는지를 모른다면 인간이 생명을 이어가는 세계를 만들 수 없었을 테니까요.

> 첫 번째 매트릭스는 모든 사람이 고통 없이 행복하도록 계획했지. 그런데 인간들이 다 죽었어. (중략) 내 생각에 인간들은 슬픔과 고통을 통해서 현실을 정의하는 것 같아. 너희 원시적인 두뇌들은 완벽한 세계의 꿈에서 자주 깨어나려고 했지. 그래서 매트릭스가 이렇게 다시 만들어진 거야.

기계가 인간을 연구하면서 발견한 사실은 인간의 삶을 지탱하는 것은 행복이 아니라 슬픔과 고통을 이겨내는 과정이라는 겁니다. 즉 문제를 해결하는 과정에서 존재의 의미와 우리가 사는 세계를 이해하게 된다는 것이죠. 달리 말하면 문제가 사라진, 문제를 해결해야 할 과정이 필요하지 않는 세상에서는 인간 존재가 무의미해진다는 것과 같습니다.

사이퍼와 네오는 영화에서 대립되는 인물입니다. 사이퍼는 현실이 고통스러워서 실제를 잊고 허상의 세계인 매트릭스로 돌아가고 싶어 합니다. 그는 매트릭스에서 유명한 사람이 되어 부자로 살고 싶다고 말합니다. 사이퍼의 선택은 두 가지 면에서 생각해볼 필요가 있습니다.

먼저 사이퍼는 현재에 놓인 문제를 해결하는 것이 아닌 문제를 지우는 것을 선택했습니다. 문제를 외면하고 행복이 주어지길 바라는 것입니다. 바로 첫 번째 매트릭스의 행복이 주어진 세상처럼 말이지요.

다음으로 사이퍼가 제시한 조건을 주목할 필요가 있습니다. 사이퍼가 그리고 우리가 생각하는 행복은 물질이 풍요로운 삶입니다. 이것은 현대 사회가 만들어놓은 이상적인 삶입니다. 자본주의 사회는 물건들을 가지면 행복해질 수 있다는 환상을 만듭니다. 사람들이 물건을 많이 사야 기업이 부를 축적할 수 있으니까요. 그래서 이 사회는 '돈이 많은 사람=성공한 사람'이라는 공식이 만들어졌습니다. 돈을 많이 버는 직업을 좋은 직업이라 생각하고, 졸업 후 돈을 많이 버는 직업을 보장해주는 대학을 좋은 대학이라고 말합니다.

하지만 물질은 충족감은 줄지언정 근본적인 행복을 보장하지는 않으며 영원히 지속되지도 않습니다. 잠깐의 충족감을 행복의 전부라고 생각하면 인간 존재가 무의미해집니다. 그러면서 인간 소외가 일어나게 되죠. 〈매트릭스〉는 인간이 소외되지 않고 자신의 가치를 찾으려면 기계가 만든 매트릭스, 자본주의 사회가 만든 환상에서 깨어나 진실을 봐야 한다고 주장합니다.

이미지와 언어가 만든 환상과 진실

〈매트릭스〉는 진짜와 진실에 대해 반복적으로 질문합니다. 영화에서 언급한 진짜, 진실을 뜻하는 '리얼리티'는 철학의 핵심 개념입니다. 진실이란 우리가 '진짜wahr'라고 '지각하는wahrnehmen 것'◆으로 리얼리티를 보는 방식은 항상 우리의 정신 상태에 의존◆◆합니다. 하지만 근대 사회 이후 우리는 눈으로 볼 수 있는 것을 진짜라고 생각하게 되었습니다. "보는 것이 믿는 것"이라는 유명한 명언도 있지요. 매트릭스가 0과 1이라는 컴퓨터 언어로 구

◆ 미디어에서 리얼리티란 무엇인가, 30쪽.

◆◆ 미디어에서 리얼리티란 무엇인가, 45쪽.

성되어있듯이 우리 세계도 언어와 이미지에 의해 구조화되어있다고 볼 수 있습니다.

우리는 말과 글, 사진이 진짜를 보여주는 도구라고 생각합니다. 그래서 신문에 적힌 활자, 사진, 다큐멘터리적인 사진과 영화들은 진실을 이야기한다고 믿습니다. 하지만 우리의 언어는 정말 진실을 담고 있을까요? 〈매트릭스〉는 언어와 이미지가 만들어내는 허상에 대해서 이렇게 언급합니다.

> 테이스티 휘트 같아요. 기계들이 어떻게 이 맛을 아느냐. 이 말이죠. 잘못 알았을 수도 있죠. 내가 알고 있는 그 맛이 실제로는 오트밀이나 참치 맛일 수도 있죠. 그런 의미에서 닭고기를 예로 들면 닭고기 맛을 어떻게 만들지 몰라서 다 비슷하게 만든 건지도 모르죠.

프로그램을 만드는 마우스는 한 가지 의문을 갖습니다. 기계는 음식을 먹어본 적도 없을 텐데 어떻게 프로그램 속 인간에게 그 맛을 느낄 수 있도록 하는가였습니다. 기계는 경험해보지 못한 것을 어떻게 표현할 수 있는 걸까요? 그리고 과연 기계가 입력한 그 맛은 우리가 느끼는 진짜 맛과 같은 것일까요? 테이스티 휘트라는 말을 인식한 순간 우리는 그것이 무엇인지 생각하게 됩니다. 그래서 그 단어와 맞는 의미를 찾고 결국 얼추 비슷한 개념과 짝을 맞춥니다. 밀 맛? 이렇게 물음표를 남긴 채 글자와 내용을 억지로 맞추어 뜻을 완성시킵니다.

우리는 글자를 마주하면 글자에 알맞은 내용을 끌어오는 방식으로 언어 활동을 하지만 글자와 내용은 우리가 생각하는 것처럼 완전하게 일치하는 것은 아닙니다. 어쩌면 글자와 내용의 거리가 멀 수도 있습니다. 하지만 우리는 글자와 글자가 가리키는 개념이 딱 맞아떨어지는 진실, 진짜라고 믿어버리지요. 즉 말이나 글자가 내용과 일치한다는 믿음이 환상이라는 겁니다.

감독은 언어의 환상과 함께 가짜 이미지에 대해서도 재치 있게 말합니다. 다음 그림의 책은 보드리야드의 《시뮬라시옹과 시뮬라크르》입니다. 책을 구별할 수 있는 표지만 남고 내용이 텅 비어있는 이미지는 우리가 사용하는 글자(기호)만 남고 의미가 텅 비어있는 상태, 즉 이 책은 진짜 책으로 보이기를 원하는 위장한 가짜 책이라는 것을 보여줍니다.

그렇다면 진짜 의미는 어떻게 하면 발견할 수 있는 걸까요? 현대의 권위 있는 정신분석학자인 라캉은 무엇인가의 '진짜', '진리', '진실'은 글자나 기호에 의해 보여지는 것이 아니라 우리가 끝없이 기호와 내용의 짝 맞추기를 반복하는 과정에서 만들어진다고 주장합니다. 이것은 네오가 어떻게 '그'가 되었는지를 통해 볼 수 있습니다.

SIMULACRA
&
SIMULATION

진짜 '나'는 운명을 거부하는 운명

네오 앞에 놓인 문제들을 살펴봅시다. 첫 번째 문제는 진짜 세계를 찾는 것이었고 두 번째 문제는 진짜 세계인 시온을 기계로부터 구하는 것입니다. 네오는 왜 진짜 세계를 찾으려고 했을까요? 그는 그동안 이 세계가 진짜가 아닌 것 같은 이질감을 느꼈습니다. 이 느낌의 실체가 무엇인지, 이질감 속에 감추어진 것이 무엇인지를 찾기 위해 해커로 활동하면서 자료를 수집했습니다. 모티어스와의 만남은 그 노력에 대한 결실이라고 볼 수 있습니다. 하지만 모티어스는 네오와의 만남을 운명이라고 믿습니다.

"운명을 믿나. 네오?"

"아니요. 나 자신의 삶을 통제할 수 없으니까요."

자신의 삶을 스스로 통제하는 삶은 곧 자유로운 삶을 의미합니다. 자유를 추구하는 네오는 통제된 매트릭스 세계가 아닌 진짜 세계를 선택했고, 이로써 첫 번째 문제는 해결되었습니다.

두 번째 문제인 네오와 구원자 운명을 지닌 '그'와의 관계를 살펴봅시다. 기계는 매트릭스에서 벗어나 진짜 세계에 거주하는 인간들이 자신들을 위협하는 존재라고 생각합니다. 그래서 인간이 모여있는 진짜 현실 세계 '시온'을 없애려고 공격하지요. 모티어스가 찾는 '그'는 기계 요원인 스미스와의 결투에서 이겨 인간 세계 시온을 구원하는 운명을 가진 사람입니다.

모티어스와 트리니티는 네오가 '그'라고 믿고 있습니다. 하지만 운명을 말하는 오라클은 네오에게 '그'가 아니라고 말했습니다. 네오는 모티어스와 트리니티의 믿음을 부정하면서 오라클의 운명의 계시는 믿습니다. 운명을 믿지 않지만 오라클의 운명에 대한 예언을 믿는 네오는 모순적이죠? 자신이 '그'라는 운명을 믿지 않으면서도 네오는 그의 역할을 이어갑니다. 네오는 시온을 지키는 과정에서 모티어스의 굳건한 믿음을 느끼고 트리니티의 온전한 사랑을 받고 죽을 고비를 넘기면서 빠르게 성장하고 점점 '그'가 되어갑니다. 네오는 진짜 세계를 찾는 과정에서 수많은 선택을 통해 진짜 '그'가 되었고 결국 시온을 기계로부터 지켰습니다.

"매트릭스는 모든 곳에 있어. 우리 주위의 모든 곳에. 이 방 안에도 있고 창밖을 내다봐도 있고 TV 안에도 있지. 출근할 때도 느껴지고 교회에 갈 때도 세금을 낼 때도 진실을 못 보도록 눈을 가리는 세계란 말이지."

"무슨 진실이요?"

"네가 노예라는 진실. 너도 다른 사람처럼 모든 감각이 마비된 채 감옥에서 태어났지. 네 마음의 감옥."

워쇼스키 감독은 허구와 환상을 기반으로 한 영화 매체를 통해 과학의 발달로 빼앗긴 인간의 존엄함과 이를 되찾는 과정을 보여주었습니다. 영화 〈매트릭스〉는 과학 기술에 의해 언젠가는 만들어질 '매트릭스'를 조심하라는 경고의 말을 남기지요.

많은 문학과 영화 작품에서 과학 기술에 의해 인류가 위협받는 미래를 발견할 수 있습니다. 과학은 인간을 무능하게 만들고 환상으로 마비시킨다는 위험성을 끊임없이 말합니다. 그리고 여기에서 벗어날 수 있는 방법은 인간 안의 진짜, 인간의 존엄과 본질을 지켜야 하는 것이라고 제시합니다.

우리 앞에 놓인 숙제는 AI와 가상과 현실입니다. 이것은 인간과 인간의 세계에 관한 문제입니다. 그러므로 이 시대에는 진짜와 진실이 무엇인지에 대해 정의내릴 수 있어야 합니다. 그래야 인간의 존재와 AI의 존재를 구별할 수 있고 환상의 세계와 실제 세계에서 인간의 존재 가치를 세울 수 있기 때문입니다.

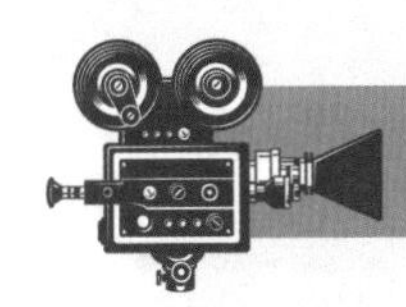

함께 보면 더 좋은 추천 영화

AI

감독: 스티븐 스필버그 | 2001년 | 12세 관람가

과학 기술이 발달하면서 인간은 인공 지능의 도움으로 편안한 일상을 보냅니다. 하비 박사는 아이가 없는 부부를 보면서 감정을 가진 로봇 데이빗을 만듭니다. 데이빗은 불치병에 걸린 아들이 냉동 인간 상태로 있는 부부에게 입양되고 사랑을 받으면서 행복하게 살아갑니다. 하지만 불치병에 걸린 아들이 퇴원하면서 데이빗은 버림받고 이후 데이빗의 부모 찾기 여행이 시작됩니다.

트루먼쇼

감독: 피터 위어 | 1998년 | 12세 관람가

평범하고 행복한 삶을 사는 트루먼은 갑자기 자신의 일상이 라디오에 생중계되는 기이한 상황을 발견합니다. 트루먼은 모든 것이 쇼라는 이상한 말을 남기고 떠난 첫사랑 실비아를 찾아 떠나기로 결심합니다. 트루먼의 진짜 인생을 찾아가는 과정을 통해 우리가 보내는 일상이 온전히 진짜 나의 인생인지를 돌이켜 볼 수 있습니다.

영화 감상 후 함께하는 토론 논술 활동

1

난이도 ★★★ 중등 도덕

모티어스는 네오에게 선택의 기회를 줍니다. 파란 약을 먹으면 침대로 돌아가 네오가 믿고 싶은 세계에 살게 되고, 빨간약을 선택하면 매트리스를 벗어나 현실 세계를 살아간다는 겁니다. 여러분에게 네오와 같은 기회가 주어진다면 무엇을 선택할 건가요? 이유와 함께 설명해보세요.

2

난이도 ★★★ 중등 사회

코로나19로 인해 백신 패스, 방역 수칙 등 다양한 제한이 생겼습니다. 이러한 제한을 반기는 입장도 있지만 자유를 훼손한다며 비판하는 입장도 있습니다. 앞으로도 이와 같은 문제는 계속 나타날 수 있습니다. 인간의 자유는 언제 어디서나 동일하게 존중되어야 한다고 생각하나요? 아니면 때에 따라 제한이 주어져도 된다고 생각하나요?

3

난이도 ★★ 중등 도덕

네오는 시온을 구하기 위해 요원 스미스와 싸우고 죽음이 찾아온 순간 자신이 '그'라는 믿음을 갖게 됩니다. 네오는 왜 자신이 '그'라고 생각했는지 이유와 함께 토의해봅시다. 내가 '진짜'라고 생각되었던 경험이나 주변에서 진짜라고 생각한 것을 이야기해봅시다.

4

난이도 ★★★★ 중등 사회

회사 업무, 학교 수업 등이 코로나19로 인해 온라인 가상 공간으로 옮겨졌습니다. 코로나19가 종식되어도 우리의 생활 공간은 코로나19 이전으로 완전히 돌아가는 것이 아니라 변화할 것이라고 보고 있습니다. 이러한 변화를 결정할 때 먼저 고려해야 할 사항이 무엇이라고 생각하나요?

예) 학생들의 기본적인 체육 활동
학생들의 교우 관계 유지
학생들의 가정 내에서 안전 확인

5

난이도 ★★★ 중등 사회

로봇이 로봇법◆에 의해 만들어졌듯이 가상 세계가 만들어지면 이 세계에 필요한 다양한 협의가 필요합니다. 가상 세계에서 지켜야 할 규칙을 타당한 근거를 토대로 만들어봅시다.

◆ '지능형 로봇 개발 및 보급 촉진법'을 달리 이르는 말. 5년 단위로 지능형 로봇을 개발하고 보급을 촉진하는 계획을 세우고, 민간 투자 자금을 들여오기 위한 지능형 로봇 투자 회사를 설립하며, 로봇의 수요를 창출하기 위한 로봇랜드 조성 사업을 지원하는 일 등이 핵심 내용입니다.

인간이 아니라 상품일 뿐이다

〈아일랜드(The Island)〉

마이클 베이 감독 | 2005년 제작 | 12세 이상 관람가

⚜ ⚜ ⚜

돌리와 영롱이에 대해 들어본 적이 있나요? 돌리는 영국의 첫 복제 양이고 영롱이는 한국의 첫 복제 소입니다. 마치 복사해서 붙여놓기를 하듯 똑같이 생긴 양과 소를 만들어낸 것입니다.

1997년 영국에서 돌리가 복제된 이후 염소, 돼지, 토끼, 말, 늑대가 복제되었습니다. 그렇다면 인간 복제도 기술적으로 가능할까요? 이론적으로는 가능합니다. 하지만 2005년 유엔에서는 인간 복제를 금지하기로 했으며, 70여 개의 국가가 인간 복제 거부에 참여하고 있습니다. 물론 우리나라도 '생명 윤리 및 안전에 관한 법률'◆로 인간 복제를 금지하고 있습니다.

인간 복제는 금지되었지만 장기 복제는 가능합니다. 2014년 미국에서 세계 최초로 인간의 폐를 복제했습니다. 장기 기증을 기다리던 사람에게는 무척 반가운 소식입니다. 얼마 전 의사들의 생활을 그린 TV 드라마에서 장기 기증에 관한 이야기가 나왔는데 기증자가 별로 없어 무작정 기다릴 수밖에 없는 환자와 보호자의 모습이 안타까웠습니다. 기증자 찾기는 하늘의 별 따기처럼 어려울 뿐 아니라 장기 기증자가 나타나도 환자의 신체와 맞아야 합니다. 면역 거부 반응을 검사해야 하고 면역 거부 반응이 없는 가족이나 친구를 찾는다고 해도 기증자의 마음이 바뀌어 기증받지 못하는 일도 부지기수입니다. 기증받게 된 사람과 그렇지 못하는 사람들을 보면 천국과 지옥이 따로 없습니다. 만약 장기를 만들어낼 수만 있다면 이런 일이 없을 테지요.

그렇다면 복제 기술은 어느 선까지 허용해야 할까요? 〈아일랜드〉는 돈 많은 사람들이 부작용 없는 장기를 사용하기 위해 자신과 똑같은 복제 인간을 만들어내면서 이야기가 시작됩니다.

◆ 인간 배아 복제 연구에 대한 허용과 규제를 정한 법률. 인간 복제 행위는 금지하고 치료 목적의 줄기세포 연구는 제한적으로 허용하는 게 주요 내용입니다. 생명 윤리 법안은 2000년 1월 법안 제정 계획이 발표된 이후 유전자 복제 연구와 관련한 과학적 한계를 규정하는 데 대해 과학계, 종교계, 사회 단체 간에 심각한 이견과 논란이 제기되면서 4년간 진통을 겪다가 2003년 12월 제정되었습니다. - 네이버 지식백과

클론들의 희망 아일랜드

링컨6에코는 완벽한 무균 공간에서 지냅니다. 첨단 인공 지능으로 모든 것이 이루어지는 이곳은 아침에 일어나면 그 사람의 몸 상태를 체크합니다. 반복되는 악몽으로 잠을 이루지 못하면 왜 잠을 못 자는지 분석해 처방해주고, 화장실에서 소변을 보는 즉시 몸에 필요한 영양소와 주의 사항에 대해 알려줍니다. 음식도 내가 먹고 싶은 음식을 먹을 수 있는 게 아니라 몸 상태에 맞게 프로그램이 되어있습니다. 지구가 오염되어 모두가 죽은 상황에서 살아남은 이들은 무균 상태의 이곳에서 규칙적인 생활과 안락함을 누리는 것을 축복으로 생각합니다. 거기에 더한 축복은 아일랜드로 갈 기회를 얻는 것입니다. 당첨되면 주변 사람들은 박수로 환호해주고 부러워합니다.

중앙 광장에 있는 대형 스크린을 통해 아일랜드는 부족한 것 없이 누리며 살 수 있는 곳이라고 사람들에게 계속해서 환상을 심어줍니다. 밖을 나가본 적이 없는 이곳 사람들에게 아일랜드는 희망입니다.

김태호 작가가 쓴 동화《네모 돼지》에서 돼지들은 네모난 틀의 시멘트 바닥에 사육당하면서 500kg이 넘으면 천국에 갈 수 있다고 믿습니다. 먹기 싫다고 하는 돼지들에게는 천국을 가기 위해 조금만 더 노력하면 된다며 몸집 키우기를 부추깁니다. 돼지들은 풀밭을 달릴 수 있는 희망을 품고 열심히 먹습니다. 천국 가는 방법에 대해 친절히 알려주면서 천국이 곧 도살장이라는 사실을 인식하지 못하도록 거짓말을 하는 것입니다. 도살장으로 가는 돼지들은 그 길이 천국으로 가는 길이라고 생각하면서 트럭에 탑니다.

영화 속 아일랜드에 당첨된 사람들도 아일랜드가 어떤 곳인지도 모른 채 기쁜 마음으로 짐을 싸서 떠납니다.

우리가 하는 일이 도대체 뭐지?

같은 악몽을 반복해서 꾸는 링컨6에코는 모든 것이 제한된 이곳에 의문을 품습니다. 불평불만을 하면 감시하는 사람들이 바로 나타나 경고하고 이성과는 우정 이상의 관계는 허용되지 않는 이곳. 링컨6에코가 같은 일만 반복되는 이곳을 벗어날 수 있는 유일한 순간은 컴퓨터를 수리하러 오염된 5구역 근접 수리센터에 갈 때뿐입니다.

수리센터의 엔지니어 맥코드와 만나고 돌아오는 길에 링컨6에코는 곤충 한 마리를 발견합니다. 환경 오염으로 모든 것이 멸종되었다고 믿었던 그에게 그 곤충은 호기심을 자극합니다. 우연히 곤충을 따라간 그곳에서 아일랜드로 떠난 사람들을 보게 됩니다. 아기를 낳고 행복할 줄 알았던 임산부는 출산 즉시 죽음을 맞이하고, 장기 적출을 위해 피를 흘리는 흑인 남성은 살고 싶다고 절규합니다. 링컨6에코는 아일랜드가 허상이라는 사실을 알고 충격에 빠집니다. 그는 아일랜드로 가게 된 조던2델타에게 자신이 본 것을 이야기하지만 그녀는 이를 쉽게 받아들이지 않습니다. 우여곡절 끝에 링컨6에코는 조던2델타와 함께 탈출합니다.

링컨6에코와 조던2델타가 있었던 메릭 바이오테크는 최상위 상류층이 자신의 신체에 이상이 생겼을 때 장기나 피부 이식 또는 아이를 갖기 위해 복제 인간을 생산하는 회사였습니다. 클론은 인간이 아니라 제품이며 식물인간 상태이므로 윤리적으로 문제가 되지 않는다면서 500만 달러에 판매하는 곳이었죠. 이 회

사의 판매자들은 클론이 식물인간이라고 말하지만 장기는 식물인간인 채로 배양할 수 없습니다.

실제로 '클로네이드'라는 복제 회사가 있습니다. 이 회사의 홈페이지에는 불임 부부나 동성애 커플이 자신의 유전자로 아이를 낳을 수 있게 돕는 인간 복제, 건강할 때 유전자 정보를 보관해두는 인슈 클론 서비스, 불임 여성을 위한 난자 판매 및 난자 이식 등의 서비스를 제공한다고 써 있습니다. 그러나 미국 경찰이 웨스트버지니아주에 있는 클로네이드의 비밀 인간 복제 연구소를 조사한 결과 시설과 장비가 열악했습니다. 미국식품의약국FDA은 '클로네이드는 인간 복제 능력이 없다'고 결론 내리고 클로네이드가 주장하는 바를 회의적으로 보았습니다.

인간이지만 인간이 아닌 클론

스냅스의 부작용에 따른 대뇌 감염으로 열다섯 살의 지식을 가진 에코 계열 클론이 서른 살의 지식을 갖게 됩니다. 그래서 링컨6에코가 이곳을 의심하고 사실을 확인한 후 탈출을 시도할 수 있었지요. 킬러들의 추적을 피해 링컨6에코는 자신의 스폰서 톰 링컨을 찾아갑니다. 하지만 오토바이 애호가이면서 디자이너인 톰 링컨은 간이 썩어가고 있어 이식을 해야 하는 상황이었습니다.

그는 링컨6에코를 본사에 넘기려고 합니다. 하지만 지능이 발달해가는 링컨6에코를 결국 당해내지 못합니다. 경찰은 링컨6에코에게 속아 톰 링컨이 복제 인간이라고 판단해 죽입니다. 링컨6에코는 클론들을 살리기 위해 메릭 바이오테크로 향합니다.

한편 도망간 클론을 잡기 위해 고용된 킬러가 메릭 바이오테크의 박사에게 묻습니다.

"제가 잡아온 클론이 쓸모가 없어져도 죽이는 겁니까?"

"고객과의 계약 사항일세."

"혁명에 동참했던 아버지가 죽자 사람들이 내 몸에 낙인을 찍었소. 평생 인간 취급 못 받고 살라고. 이 바닥에서 깨달은 건 전쟁도 사업이란 거요. 살인이 당신 사업이었소?"

"그 이상이지. 난 과학의 오랜 숙원을 풀었어. 생명 창조! 클론은 도구일 뿐이야. 영혼이 없는! 이 분야의 가능성은 무궁무진해. 앞으로 2년이면 백혈병도 정복해. 그럴 사람이 몇이나 되겠나?"

"신과 당신뿐이지. 그 말이 듣고 싶었소?"

돈을 벌기 위해 수단과 방법을 가리지 않는 박사의 말을 듣고 킬러는 마음을 바꿔 링컨6에코를 도와줍니다. 킬러는 링컨6에코와 조던2델타를 보면서 클론도 사람이며 영혼이 있다는 것을 알게 됩니다. 사람을 죽이고 살리는 건 신의 영역이지 인간의 일이 아니라는 것을 깨닫고 윤리적인 행동을 하기로 합니다.

남아있는 클론들은 아일랜드로 보내준다는 메릭 바이오테크의 말을 믿고 지시에 따릅니다. 그러나 그들이 도착한 곳은 아일랜드가 아니라 가스실입니다. 결함이 발견된 클론을 모두 제거하기로 한 것입니다. 다행히 링컨6에코에 의해 클론들은 구조되었지만 복제 인간을 죽이는 것을 그저 제품을 폐기 처분하는 것이라고 생각하는 부분에서 섬뜩해집니다.

흰옷을 입은 클론들이 건물 밖으로 쏟아져 나옵니다. 그들은 마치 오염되지 않는 순수한 인간처럼 보입니다. 생활과 감정이 억압된 곳에서 살아온 순수한 복제 인간들과 자유롭지만 욕구에 따라 살아가는 인간 중 누가 더 낫다고 이야기할 수 있을까요? 인간이 만든 복제 인간의 목숨은 인간이 마음대로 해도 되는 걸까요?

복제 양 돌리를 만들 때 수백 번의 실험 과정에서 수많은 양이 기형으로 태어났다가 쓰레기통에 버려졌다고 합니다. 선별이라는 인위적인 방식에 의해 생산된 돌리를 보면서 성공작이라고 부르기 부끄럽다는 사람들도 있습니다.

영화 〈아일랜드〉에서도 결함이 생기자 클론은 사람이 아니라 제품이라면서 제거하려 합니다. 인간 복제는 윤리적, 법적 문제가 겹쳐있는 민감한 영역이라고 과학자들은 이야기합니다. 그러나 인간 복제뿐 아니라 문명의 발달이라는 이름으로 행하는 모든 과학 연구 또한 생명 존중 윤리 없이 자행된다면 영화 〈아일랜드〉처럼 섬뜩한 현실만 남게 될 것입니다.

함께 보면 더 좋은 추천 영화

마이시스터즈키퍼

감독: 닉 카사베츠 | 2019년 9월 | 12세 이상 관람가

언니를 위해 맞춤형으로 태어난 나. 언니를 위해 백혈구, 줄기세포, 골수 등 내 몸의 모든 것을 언니에게 주었습니다. 하지만 이제는 내 몸의 권리를 찾기 위해 엄마와 아빠를 고소하기로 합니다. 언니를 위해 태어난 나는 계속 언니를 위해 살아가야 할지 고민합니다. 그리고 그동안 보지 못했던 가족 간의 문제를 알게 되면서 가족 간의 사랑을 확인합니다.

네버렛미고

감독: 마크 로마넥 | 2010년 4월 | 15세 이상 관람가

영국 기숙학교 헤일섬에서 외부 세계와 격리된 학생들은 어떤 목적을 갖고 태어난 클론입니다. 언젠가는 누구의 필요에 의해 죽음을 맞이하게 되는 그들도 사랑과 우정을 만들어갑니다. 클론이 진짜 인간과 같은 감정을 공유하게 되면서 그들을 통해 우리에게 중요한 것이 무엇인지 생각해봅니다.

더문

감독: 던킨 존스 | 2009년 11월 | 12세 이상가

달에서 에너지 자원으로 적합한 물질을 찾는 일을 하는 샘은 장비 고장으로 3년간 외부와 두절된 채 지냅니다. 계약 기간을 끝내고 지구로 돌아온 어느 날 그는 알지 못하는 여성의 환영을 보면서 교통사고로 의식을 잃습니다. 깨어난 자신이 복제 인간임을 알게 되고 또 다른 나를 받아들여야 할지 고민합니다.

영화 감상 후 함께하는 토론 논술 활동

1

난이도 ★★★ 중등 국어

링컨6에코와 조던2델타를 잡기 위해 고용된 킬러와 맥코드는 그들을 돕는 조력자가 됩니다. 이들이 마음을 바꾼 이유는 무엇일까요?

2

난이도 ★★ 중등 진로

영화 속 복제 인간들은 아일랜드로 가고 싶어 합니다. 이들에게 아일랜드는 어떤 곳일까요? 여러분의 아일랜드는 어디에 있나요?

3

난이도 ★★★ 중등 도덕

영화 속 조던2델타는 "What are we?"라고 물어봅니다. 그리고 "What we are."이라고 스스로 답합니다. 영화를 보면서 '인간을 무엇으로 규정할 수 있는지'에 대해 생각해봅시다.

4

난이도 ★★★ 고등 윤리

행복을 위해 나와 유전적으로 동일한 복제 인간을 만들 수 있다면 그리고 아무도 모르게 희생시킬 수 있다면 동의하시겠습니까? 이 영화를 보면서 복제 인간이 일회성 제품인지 아니면 또 하나의 존엄한 생명인지 토의해봅시다.

화성,
그곳에 갈 수 있을까?

〈마션(The Martian)〉

리들리 스콧 감독 | 2015년 제작 | 12세 이상 관람가

〈마션〉은 화성을 탐사하던 중 고립된 한 남자를 구하기 위해 나사NASA(미국항공우주국)의 팀원들이 그와 펼치는 구출 작전을 그린 작품입니다.

화성은 지구와 가장 가까이 있고 닮은 점도 많습니다. 화성에 물이 흐른다는 증거를 발견한 후 화성을 탐사하기 위한 경쟁도 치열합니다. 인류가 화성에 관심을 갖는 이유는 그곳에 신도시를 만들기 위해서입니다. 수성과 금성은 인류가 살기에 너무 뜨겁고, 목성과 토성은 너무 멀어 이주하기 어렵습니다. 또한 가스로 이루어져 있어 방사능 수치가 너무 높기도 하고요.

화성은 달과 비교해도 인류가 살기에 더 적합한 곳입니다. 달에는 대기층이 없지만 화성에는 약간의 대기층이 형성되어있습니다. 화성의 하루는 지구보다 조금 긴 24시간 39분이어서 온실에서 자연광으로 식물 재배도 가능합니다.

화성에 홀로 남게 된 마크도 생존을 위한 사투를 벌이는데요. 화성 탐사 요원 마크의 선택과 집중을 통해 화성에서 사는 법을 배워볼까요?

난 여기선 안 죽어

화성의 아키달리아 평원. 나사 아레스 3팀 팀원들이 화성을 탐사하던 중 한 가지 문제가 생겼습니다. 바로 폭풍 경보가 예고된 겁니다. 예상되는 폭풍 위력은 8,600뉴턴으로 임무 중단 가이드라인인 7,500뉴턴을 훌쩍 넘습니다. 대장 루이스는 임무를 중단하고 비상 이륙을 명령하죠. 실제로 화성 표면이 붉은색을 띠는 이유는 철분이 많이 포함된 가는 모래로 이루어져 있기 때문입니다. 폭풍이 칠 때는 그 모래가 화성 전체를 뒤덮어버립니다.

심한 모래 폭풍으로 앞을 볼 수 없는 상황에서 대원들은 우주복의 불빛에 의지해 화성 상승선으로 이동합니다. 그런데 모래 폭풍이 너무 심해 상승선이 버티지 못하고 쓰러지려고 합니다.

그러자 마크가 의견을 냅니다.

"쓰러지는 걸 막을 방법이 있어요. 통신 안테나 케이블로 고정하고 로버에 묶는 거죠."

그때 갑자기 설치해둔 안테나가 부러집니다. 모래 폭풍에 휩쓸려 날아간 안테나에 마크가 부딪히고 그는 모래 폭풍 속으로 사라집니다.

경고 슈트 파손 감지

우주복이 손상된 상황에서 마크가 버틸 수 있는 시간은 1분이 채 안 됩니다. 루이스는 대원들을 이동시키고 혼자 마크를 찾아 나섰지만 마크의 우주복은 레이더에 감지되지 않습니다.

심한 모래 폭풍으로 기지도 겨우 보이는 상황. 모두 마크가 죽었다고 생각합니다. 루이스도 고심 끝에 대원들과 함께 우주선을 타고 지구로 긴급 귀환합니다. 샌더스 나사 국장은 기자 회견에서 마크의 사망을 공식화합니다.

"불행히도 대피 과정에서 마크 와트니 대원이 파편을 맞아 사망했습니다."

하지만 마크는 살아있었습니다. 안테나가 부러지면서 생긴 작은 파편이 생체 신호 모니터를 뚫고 몸에 박혔지만 그 파편과 굳어버린 피가 우주복에 난 구멍을 막아주어 살 수 있었습니다. 그러나 마크는 자신이 살아있다는 사실을 나사에 연락할 방법이 없었습니다. 설령 연락이 된다 해도 구조대가 오려면 최소 4년이 걸리는데 기지는 31일만 버틸 수 있도록 설계되어있었습니다.

"산소 발생기가 고장 나면 질식해서 죽고, 물 환원기가 고장 나면 갈증 나서 죽고, 기지가 파손되면 전 그냥 터져버리겠죠. 기적적으로 그런 일이 없다 해도 결국 식량이 떨어질 거예요."

모든 것이 절망적인 상황. 하지만 마크는 다친 몸을 치료하면서 다짐합니다.

"난 여기서 안 죽어."

다행인 건 제가 식물학자라는 거죠

화성에서 21일째 되는 날, 마크는 기지에 있는 식량을 확인합니다.

"대원 여섯 명 식량을 68일 치 가져왔죠. 그런데 나 혼자니까 300일 치로 늘어나고, 아껴 먹으면 400일은 버틸 테니까 여기서 3년 치 식량을 재배할 방법을 찾아야 해요. 아무것도 자라지 않는 이 행성에서. 다행인 건 제가 식물학자라는 거죠."

마크는 화성에서 감자 재배를 시도하지만 문제가 있었습니다. 바로 물입니다. 물은 생명체가 존재하는 데 꼭 필요한 자원입니다.

2015년 9월 28일 화성에 액체 상태의 물이 흐른다는 사실이 알려졌습니다.

"화성에 소금이 섞인 물이 하천처럼 흐르고 있다는 증거를 찾아냈다."

나사는 기자회견을 통해 인공위성이 찍은 화성 표면 사진을 관찰했더니 계절에 따라 일부 지역에서 어두운 색을 띠는 부분이 계속 나타났다가 사라지는 모습을 발견했으며 이런 부분은 주로 따뜻한 날씨가 지속되었을 때 보였는데 이것이 바로 물이 흐르는 증거라고 발표했습니다.

화성에서 물의 흔적을 발견한 것은 2000년입니다. 얼음 형태로 존재한다는 것은 2008년에 발견했습니다. 그리고 액체 상태의 물이 흐른다는 증거가 2015년에 나온 것이죠.

"농사를 지으려면 세제곱미터당 40리터의 물이 필요하니 훨씬 더 많은 물을 만들어내야 해요."

다행히 마크는 그 방법을 알고 있었습니다.

"화성 하강선에 남은 로켓 연료 수백 리터의 하이드라진에 이리듐 촉매를 첨가해 질소와 수소로 분리한 후 그 수소를 작은 공간에 몰아넣고 불태우는 거죠."

하지만 결과는 실패. 그냥 폭발해버리고 맙니다.

"제 추측으로는 제가 계산하면서 내뿜는 산소의 양을 고려하는 걸 깜박한 거죠. 왜냐면 난 멍청하니까."

기대가 무너지자 마크는 자책합니다. 그는 31일 치 식량을 가지고 화성에서 살아남기 위해 소변을 걸러 식수로 쓰고, 대변은 거름으로 만들어 식물이 자랄 수 있는 환경을 만들었습니다. 또

화성에 있는 많은 수소와 조금 있는 산소를 이용해 물을 만들 계획도 세웁니다. 실제로 화성에서 산소를 만들고 식물을 키우는 것은 나사가 추진 중인 화성 이주 계획의 일부입니다.

마크는 문제를 하나하나 해결해가고 마침내 실험에 성공해 물을 만들어냈습니다. 싹을 틔운 감자의 초록색 잎을 만져보는 마크. 이제 살아갈 용기가 생깁니다. 한편 그는 모래 폭풍이 불 때는 거주모듈(우주인이 머무는 조립식 건물)에서 있으면서 자신이 살아있다는 사실을 지구에 알리는 데 집중합니다.

그러던 어느 날, 위성을 관찰하던 나사가 화성에서 무언가 이동하는 모습을 발견합니다. 마크가 살아있다고 판단한 나사 직원들은 보급품 수송을 서두를 방법을 찾지요. 하지만 여의치 않습니다. 지구와 화성의 거리로 볼 때 보급선이 도착하기까지는 9개월이 걸리고, 보급선을 만드는 데만 6개월이 소요되기 때문입니다.

한편 기지에서 지도를 보던 마크는 20여 년 전 화성의 모습을 담아 지구로 전송하고자 보내졌던 장치인 패스파인더를 생각해내고 그것을 이용해 나사와 교신을 시작합니다.

"내가 보이나요? 네? 아니요?"

카메라가 마크의 질문지에 적힌 '네' 글자로 이동합니다. 나사에서 마크가 보인다는 답변을 보낸 겁니다. 두 손을 번쩍 들고 환호하는 마크. 그는 이 장치를 이용해 나사와 긴밀하게 소통합니다.

나사는 마크에게 아레스4탐사대가 구조하러 가기 전까지 필요한 식량을 보낼 준비를 하고 있다는 사실을 알리죠. 마크는 이내 용기를 얻습니다.

사람 살리는 일이 우선입니다

"내년에 화성과 지구가 수평을 이룰 때 보급선을 보낸다고 해."

샌더스 국장이 직원들에게 말합니다. 실제로 화성은 2년에 한 번씩 지구에 가장 가깝게 다가오는데 이때 맞춰 우주선을 띄울 경우 6~7개월이면 도착할 수 있습니다.

마크의 농작물 식량은 912일까지 있고 보급선은 868일에 도착할 예정입니다. 모든 게 순조롭게 이루어진다는 가정하에 말이죠.

그렇게 아슬아슬한 상황에서 구조를 기다리며 지내던 어느 날, 마크가 외부에서 작업하고 기지로 들어서자마자 에어락 연결 부분이 파열되면서 기지 한 면이 날아가버립니다. 이로 인해 감자와 흙 모두가 얼어버렸죠. 화성에서 가장 더울 때의 적도 지방 기온은 영하 18도 정도입니다. 가장 추운 시기가 되면 극지방의 기온은 영하 85도 이하까지 떨어지지요. 마크는 분노와 공포에 휩싸입니다.

마크의 생존 기간이 예상보다 훨씬 단축된 상황을 알게 된 나사는 안전 점검을 생략하고 보급선 발사를 강행합니다. 하지만 발사된 보급선은 얼마 안 되어 폭발해버립니다. 이 상황을 지켜보던 중국은 자신들의 발사체 '태양신'을 마크 구출에 사용하기로 합니다. 비밀리에 진행되고 있는 기술이 공개될 수도 있는 상황에서 우선 사람 살리는 일에 동참한 겁니다.

한편 우주역학팀도 잠을 줄여가며 탐사선의 최적 항로를 연구합니다. 하지만 좀체 적정한 발사 시기를 찾기 어렵습니다. 이때 전문가 리치가 기적처럼 한 가지 방법을 고안해냅니다. 귀환 중인 아레스3팀의 우주선 헤르메스를 지구 궤도에 스윙바이 swingby◆해 다시 화성으로 보내고, 마크는 화성에 미리 착륙시켜

◆ 우주 탐사선의 항법 중 하나로 행성의 중력을 이용해 궤도를 조정하는 방법입니다. 즉 우주선이 목성 같은 중력이 큰 행성의 궤도를 지날 때 행성의 중력에 끌려 들어가다 '바깥으로 튕겨 나가듯' 속력을 얻는 것을 말합니다. 다른 행성으로 가는 제일 안정적인 방법이던 호만 궤도보다 더 발전된 형태인데 호만 궤도보다 더 빠른 시간에 목적지에 도착할 수 있습니다.

놓은 아레스4를 타고 헤르메스와 만나는 방법입니다. 이 방법이 성공한다면 기존 계획보다 훨씬 빨리 마크를 구조할 수 있지만 그만큼 위험 부담이 큽니다. 그래서 샌더스 국장은 이 방법을 반대합니다. 하지만 아레스3팀은 마크를 구조하기로 하고 다시 화성으로 갑니다.

"마크를 구할 때 상태가 나쁠 수 있어요. 상승선이 올라오는 동안 중력이 12G까지 치솟으면 마크는 내부 출혈은 물론 기절할 수도 있어요."

"줄들을 길게 하나로 연결하면 총 214m. 유인이동장치를 입을 테니 움직이기 쉬울 거예요."

"최대 허용 상대 속도는?"

"초속 5m면 문제없지만 10 이상이면 달리는 열차에 뛰어드는 것과 같아서 놓칠 수 있죠."

"여유는 좀 있어. 발사에 12분 걸리고 랑데부◆◆까지 52분이야. 화성 상승선 로켓이 꺼지면 랑데부 지점과 속도를 알 수 있지. 랑데부에 성공하면 줄을 당겨서 태우고 틀어지면 나가서 벡을 도와줘."

루이스 대장의 주도하에 아레스3팀 대원들은 구조에 앞서 여러 문제점에 대해 고심하고 그 대응 방법을 찾습니다.

그로부터 7개월 후 구출 계획이 무모하다고 생각했던 마크도

◆◆ 인공위성이나 우주선이 우주 공간에서 만나는 일을 말합니다.

화성에서의 마지막 여정을 시작합니다. 화성에서의 461일째 되는 날입니다.

"여기선 어딜 가든지 내가 최초예요. 45억 년 동안 여긴 아무도 없었어요. 그런데 지금은 내가 있죠. 난 이 행성에서 혼자가 된 최초의 인간이에요."

마크의 운명을 결정지을 화성에서의 561일째.

나사는 마크의 구조 상황을 실시간 중계합니다. 한편 아레스 3팀 대원들은 상승선과의 거리가 예상보다 훨씬 벌어져 있음을 알게 되고 보조 로켓을 사용해 오차를 줄여봅니다. 하지만 다시 격차가 벌어지자 결국 루이스가 직접 우주 유영으로 마크를 구출하러 갑니다. 마크와 루이스는 힘겹게 서로에게 날아가고 손을 뻗어 잡으려다가 놓칩니다. 이때 마크가 가까스로 줄을 잡으면서 둘은 헤르메스 우주선 안으로 귀환합니다.

지구를 빼닮은 화성

화성은 태양계의 네 번째 행성◆입니다. 지구와 가장 가까이 있고 닮은 점도 많아 '제2의 지구'로 불리죠. 화성의 1일은 지구와 비슷한 24시간 37분이고, 1년은 687일로 긴 편입니다. 지름은 지구의 절반 정도(6,788km)이며, 무게는 10분의 1쯤 됩니다. 중력은 지구의 3분의 1 수준으로 약한 편이죠. 자전축이 기울어진 정도는 지구(23도)와 비슷한 25도이며 사계절의 변화가 있습니다.

하지만 표면 온도는 지역에 따라 영하 140도부터 영상 20도까지 다양합니다. 밤낮의 기온 차가 100도에 이르는 곳도 있지요. 지구처럼 적도 부근의 기온이 가장 높고 남극이나 북극으로 갈수록 춥습니다. 남극과 북극에는 두께 2m에 이르는 얼음이 쌓여있고 눈이 내리는 모습도 볼 수 있습니다. 지구처럼 충분하지는 않지만 화성에는 물도 있고 대기도 엷게 존재합니다. 다만 대기의 성분이 이산화탄소라서 사람이 숨을 쉴 수는 없습니다.

◆ 태양과 같은 스스로 빛을 내는 별(항성) 주위를 도는, 스스로 빛을 내지 못하는 천체를 말합니다. 태양계에는 지구와 화성 등 여덟 개가 있습니다.

미국은 1965년 마리너 4호를 시작으로 여러 차례 화성을 탐사했습니다. 미국의 엘론 머스크가 세운 우주수송업체(스페이스X)는 화성에 자립 도시를 만들겠다는 계획을 발표한 바 있습니다. 화성이 태양계에서 지구를 제외하고 생명체가 살기에 가장 알맞은 환경이기 때문입니다. 지구에 문제가 생겨 사람이 살기 어려워질 때를 대비해 화성으로 옮겨갈 계획을 세우는 겁니다. 물론 불충분한 대기 문제와 낮은 온도, 약한 중력, 식량 문제 등 해결해야 할 과제가 많습니다.

전문가들은 이런 문제의 해결이 불가능하지 않다고 보고 있습니다. 화성에는 물이나 수소 등 사람이 생명을 유지하는 데 필요한 대부분의 원료가 있기 때문입니다. 이것을 이용해 산소를 만들고 필요한 에너지도 생산하면 된다고 말합니다.

그런데 생각해봅시다. 지구에는 이 모든 게 다 갖추어져 있습니다. 인류가 살기에 최적화된 곳이죠. 돈과 시간을 들여 화성을 탐사하는 이유가 환경 오염과 온난화, 자원 부족으로 지구에 위기가 닥쳤을 때 인류가 살아갈 새로운 터전을 이루기 위한 것이라면 지금 우리가 사는 지구를 지켜내는 게 더 바람직하지 않을까요? 지구는 지금도 대가없이 우리에게 모든 걸 내주고 있는데 말입니다.

함께 보면 더 좋은 추천 영화

그래비티

감독: 알폰소 쿠아론 | 2013년 | 12세 이상 관람가

허블 우주 망원경을 수리하기 위해 우주 공간에서 작업하던 스톤 박사는 폭파된 인공위성 잔해와 부딪히면서 그곳에 홀로 남겨집니다. 지구로부터 600km 떨어진 곳에 철저히 고립된 스톤 박사는 삶과 죽음의 경계에 놓입니다.

인터스텔라

감독: 크리스토퍼 놀란 | 2014년 | 12세 이상 관람가

머지 않은 미래의 지구는 인류의 잘못으로 황폐한 땅이 되었습니다. 식량난과 환경 변화로 인류는 멸망할 위기에 처하고 이 상황을 해결할 수행자로 과거 우주선 조종사였던 조셉 쿠퍼가 발탁됩니다. 비밀리에 연구를 진행하던 나사팀을 발견한 쿠퍼는 인류의 탈출구를 찾기 위해 우주로 떠납니다.

플래그 더 문

감독: 엔리크 가토 | 2015년 | 전체 관람가

최연소 우주 비행사를 꿈꾸는 열두 살 소년 마이크는 할아버지와 아버지가 달로 향하는 비밀 미션을 받게 된 것을 알게 되고 엄청난 모험을 꿈꾸며 몰래 우주선에 올라탑니다. 하지만 오류가 생겨 우주선이 갑자기 출발해버리고 마이크는 얼떨결에 달로 가게 됩니다.

영화 감상 후 함께하는 토론 논술 활동

1

난이도 ★★ 중등 과학

마크는 불의의 사고로 화성에 혼자 남겨져 기지라는 한정된 공간에서 산소 발생기, 동력 추진기, 물, 음식, 통신, 탐사 등 꽤 많은 문제를 극복하고 마침내 지구로 귀환합니다. 영화의 이러한 설정을 어떻게 생각하나요?

2

난이도 ★★ 중등 국어

만약에 내가 〈마션〉의 주인공처럼 화성에 혼자 남게 된다면 가장 생각나는 사람은 누구일 것 같나요? 이유와 함께 이야기해봅시다.

3

난이도 ★★★ 중등 사회

화성처럼 아무도 살지 않는 무인도에서 살아야만 한다면 갖고 갈 세 가지를 선택하고 이유를 말해주세요.

4

난이도 ★★★ 중등 사회

화성을 탐사하려면 돈이 많이 듭니다. 화성을 탐사하는 돈으로 지구의 어려운 사람부터 도와야 한다는 주장도 있습니다. 한편 우주 발사체 기술 보유국은 다른 나라에 기술 이전하는 것을 꺼립니다. 우주 발사체 기술이 대륙간탄

도미사일(ICBM)◆기술과 본질적으로 같기 때문인데요. 화성 탐사에 대해 어떻게 생각하는지 이야기해봅시다.

5

난이도 ★★★ 중등 과학

지구인이 화성에서 산다고 할 때 발생할 수 있는 문제에 대해 생각해봅시다.

호흡	
바깥 활동	
식량	
기타	

◆ 핵탄두를 싣고 한 대륙에서 다른 대륙까지 공격이 가능한 사정거리 5,500km 이상의 탄도미사일을 말합니다. 대기권 밖을 날아서 핵탄두로 적진의 목표물을 공격합니다.

현실과 가상 세계 사이, 그 어디쯤에서

〈레디 플레이어 원(Ready Player One)〉
스티븐 스필버그 감독 | 2018년 제작 | 12세 관람가

메타버스의 탄생은 인류의 공간을 무한으로 펼쳐놓았습니다. 증강 현실 속에서 포켓몬과 마주하고 디지털 공간에서 자신과 닮은 아바타를 꾸며 게임도 하고 자신만의 공간도 만듭니다. 판타지 세계를 열어놓은 게임 속에서 모험과 탐험, 스릴도 즐깁니다. 실제 같은 가상 현실을 체험하기도 합니다. 이 모든 것을 통해 거부할 수 없는 짜릿한 즐거움과 생생함을 경험할 수 있으니 아마도 메타버스에 대한 욕망은 점점 더 커져갈 것입니다.

산업공학자 김상균은 저서 《메타버스》에서 우리 몸은 물질의 세상, 아날로그 지구에 있지만 우리 생활은 점점 더 디지털 세상, 디지털 지구로 이동하고 있다고 말합니다. 인류가 아날로그 세상에서 채울 수 없는 욕구를 채우기 위해 디지털 지구를 만들고 있다고요. 그 욕구에 대한 이야기를 〈레디 플레이어 원〉에서도 확인할 수 있습니다.

〈레디 플레이어 원〉은 어니스트 클라인이 쓴 동명의 소설을 원작으로 한 영화입니다. 할리우드의 거장 스티븐 스필버그의 작품으로 2045년 미래를 배경으로 하고 있습니다. '오아시스'라는 가상 공간을 지배하고 점령하려는 현실 권력의 추악함을 주인공인 청소년들이 응징합니다.

과학으로 위로를 얻다

영화는 2045년 오하이오주 콜럼버스 '트레일러 빈민촌'에서 시작됩니다. 빈민촌에 사는 사람들이 느끼는 삶의 유일한 즐거움은 'X1'이라고 불리는 VR 슈트를 착용하고 가상 공간에 들어가 반전의 삶을 누릴 때뿐입니다. 구질구질한 현실에서 벗어나 가상의 공간에서 원하는 삶을 누리는 것이지요.

주인공 웨이드는 2027년에 태어난 열여덟 살 청춘으로 식량 파동과 인터넷 폭동이 일어난 힘든 시기에 태어났다고 말합니다. 그는 어려서 부모를 잃고 이모 집에 얹혀사는 신세입니다.

이 시궁창 같은 현실에서 벗어날 수 있는 유일한 길은 '오아시스'라는 가상 공간을 창조한 할리데이의 미션을 해결하는 것밖에 없다고 생각하지요.

오아시스에는 천재 과학자이자 오아시스의 창조자인 할리데이가 남겨둔 '이스터에그'◆가 있습니다. 할리데이는 세상을 떠나기 전 오아시스에 미션을 숨겨놓았습니다. 그가 설정한 세 개의 미션을 모두 해결하고 이스터에그를 손에 넣는 사람에게 그의 전 재산을 상속한다는 유언을 남기고 떠난 것입니다. 빈민촌 사람들은 물론, 오아시스를 즐기는 모든 사람이 오아시스 세계에 광분할 수밖에 없는 이유입니다.

오아시스의 세계는 흥미롭습니다. 현실 세계에서 누구나 한 번쯤은 바라는 갖가지 즐거움이 펼쳐져 있지요. 오아시스 안에서 코인을 벌어 사고 싶은 것을 사고 원하는 대로 변신하며 현실 세계의 시름을 떨치는 빈민촌 사람들의 모습은 매우 간절해 보입니다.

영화 속 오아시스처럼 가상 세계를 현실과 착각할 만큼 구현하는 데는 상당한 과학 기술이 필요합니다. 기본적으로 고사양의 컴퓨터와 장비가 있어야겠지요. 실감 나는 현실 배경을 구현

◆ 게임 개발자가 게임 속에 재미로 몰래 숨겨놓은 메시지나 기능을 말합니다. 게임 플레이에 영향을 거의 미치지 않는 깜짝 요소가 대부분이라 게임 발매 후 수년이 지나 우연히 발견되는 경우도 있습니다. 몇몇 개발자는 이스터에그에 실제 게임 플레이에서 다루지 못한 스토리나 세계관을 반영하기도 합니다.

할 그래픽 기술뿐 아니라 가상 공간을 넘나들거나 물건을 만질 때 촉감을 느끼게 하는 장갑, 슈트 등의 장비에도 높은 기술적 완성도가 필요할 것입니다. 영화 속 사람들은 가상 공간에서 전투를 벌이고 총을 맞고 목숨을 잃으면 현실 세계에서도 고통을 느끼며 쓰러집니다. 가상 공간의 상황이 현실로 느껴질 만큼 적절한 고통까지도 장치로 전달되고 있는 것입니다.

이런 장치들은 이미 과학자들에 의해 연구되고 어느 정도 실현되어있습니다. KAIST, 고려대학교, 한양대학교 공동 연구팀이 인간 피부 신경 모사형 인공 감각 인터페이스 시스템의 개발 성과를 공개한 사례도 있습니다.◆ 이 기술은 메타버스뿐 아니라 화상 환자나 절단 환자 등을 위한 인공 피부, 의수, 의족 등에도 사용할 수 있어 주목을 받고 있습니다.

그뿐 아니라 VR 기술은 VR 영화, VR 쇼핑, VR 교육에 이르기까지 현실 세계의 많은 영역으로 확대되어 우리의 삶을 빠르게 디지털화시키고 있습니다.

가상 친구, 현실 친구

웨이드는 현실에서 외롭습니다. 그러나 오아시스에는 친한 친구들이 있습니다. 그는 현실 세계에서는 만나지 못한 그들과 함께 할리데이의 미션을 해결해나갑니다. 웨이드는 첫 번째 수수께끼를 풀고 열쇠를 얻은 후 친구들에게도 미션 해결의 힌트를 알려줍니다.

그런데 웨이드와 그의 친구들의 승리를 막는 존재가 있습니다. 할리데이의 유산을 차지하기 위해서라면 살인도 마다하지 않는 IOI라는 거대 기업입니다. IOI는 수많은 사람을 고용해 오아시스에서 이스터에그를 찾게 합니다. 빈민촌의 이스터에그 헌

◆ 이 연구는 국제 학술지 〈네이처 일렉트로닉스(Nature Electronics)〉에 2021년 6월 3일 자로 출판되었습니다. (논문명: Artificial Neural Tactile Sensing System)

터들에게 '식서'라고 불리는 IOI의 직원들은 최대의 적입니다. 첫 번째 미션을 가장 먼저 해결한 웨이드는 당연히 IOI의 공격을 받습니다.

웨이드는 가상 세계에서 '파시발'이라는 이름으로 활동합니다. 그의 친구 아르테미스와 H, 쇼, 다이토 역시 가상의 이름과 아바타로 만난 친구들입니다. 웨이드는 오아시스를 오로지 돈으로밖에 보지 않는 IOI의 CEO 소렌토에게 절대 오아시스를 빼앗기지 않겠다고 다짐합니다. 그가 선망의 대상으로 여겼던 할리데이의 세계 오아시스가 그의 수중에 들어가면 없어지고 말 것이 자명하니까요.

소렌토는 웨이드를 제거하기 위해 빈민촌에 있는 그의 집을 폭파합니다. 다행히 그 시간 집에 없던 웨이드는 살아남지만 이모가 희생되고 맙니다. 이모의 죽음으로 망연자실한 웨이드. 그의 앞에 가상 세계에서 만났던 친구들이 나타나 웨이드를 돕습니다. 소렌토가 웨이드를 설득하기 위해 만나는 장면이나 IOI에 잡혀간 사만다(아르테미스의 진짜 이름입니다. 그녀는 현실 세계에서도 가상 세계에서도 IOI를 제거하려는 반군입니다)를 구하기 위해 웨이드와 친구들이 소렌토를 만나는 장면은 현실과 가상 세계를 구분하지 못할 정도로 실감납니다.

만들어진 이미지가 현실과 구분할 수 없을 정도로 완벽하다면 이는 여러 가지 과학 기술이 총체적으로 집약된 것입니다. 현재의 기술에서 꼽아 보자면 카메라가 달린 헬멧, 자신의 동작이

나 표정을 디지털 캐릭터에 반영하는 모션 캡처나 페이셜 캡처 기술, 홀로그램 기술도 필요할 것입니다. 그런데 이러한 과학 기술이 악한 속임수에 사용된다면 우리가 사는 세상은 혼란에 빠지고 말 것입니다. '과학 기술과 악당의 욕망 vs 과학 기술과 인간의 선한 마음' 두 선택지 중 과학의 미래가 지향해야 할 방향이 어디인지 분명하게 보이네요.

웨이드가 IOI에 맞서기 위해 가상 세계의 벌판에 서서 오아시스에 접속한 사람들을 군대로 모으는 장면은 감동적입니다. 카메라는 낮은 위치에서 위를 바라보는 시선으로 웨이드와 친구들을 잡아냅니다. 이런 화면 연출은 인물을 실제보다 크게 느끼게 해 인물의 의지나 힘을 강조합니다.

반대로 웨이드의 진심 어린 호소를 듣고 오아시스로 몰려온 사람들을 보여주는 장면은 카메라가 높은 곳에서 아래를 비춥니다. 수많은 사람이 모여드는 화면 연출을 통해 거대한 권력에 맞서는 민초들의 연대를 보여주는 것이지요.

세 번째 미션을 가로막는 IOI의 돔 행성 앞으로 오아시스를 지키려는 사람들이 구름처럼 몰려옵니다. 그리고 소렌토에 맞서 함께 싸웁니다. 소렌토와 정면 대결한 웨이드는 그를 멋지게 해치우고 세 번째 미션까지 해결합니다. 마침내 이스터에그를 얻는 순간 할리데이의 홀로그램은 웨이드에게 마지막 말을 남깁니다.

> 내가 오아시스를 만든 건 현실에 적응하지 못해서였어. 소통하는 법을 몰랐던 거지. 나는 평생을 두려워했다. 내 삶이 끝나는 순간까지. 그때 깨달았다. 현실은 무섭고 고통스러운 곳인 동시에 따뜻한 밥을 먹을 수 있는 유일한 곳이라는 걸. 왜냐면 현실은 진짜니까.

오아시스의 주인이 된 웨이드와 친구들은 매주 화요일과 목요일에 오아시스를 닫습니다. 가상 세계는 즐거움과 위로를 주지만 진짜 중요한 것은 현실이니 진짜 세계를 소중히 하라는 메시지입니다. 인류가 끝없는 탐구로 이룩한 과학의 힘도 현실을 기반으로 할 때만 진정한 힘을 발휘할 수 있으니까요.

참! 영화를 보는 꿀잼 팁을 잊어버릴 뻔했네요. 스티븐 스필버그 감독은 영화 곳곳에 20세기 대중문화에 대한 오마주◆를 숨겨두었습니다. 무려 200여 가지가 넘는다고 하니 찾아보는 재미가 쏠쏠하겠지요? 비디오 게임부터 애니메이션, 영화와 음악에 이르기까지 추억을 소환하는 즐거움이 넘칩니다. 여러분은 과연 몇 가지나 찾을 수 있을지 궁금하네요.

◆ 영화에서 존경의 표시로 다른 작품의 주요 장면이나 대사를 인용하는 것을 이르는 용어입니다. 프랑스어로 존경, 경의를 뜻하며 감명 깊은 대사나 장면을 본떠 표현하는 행위를 말합니다.

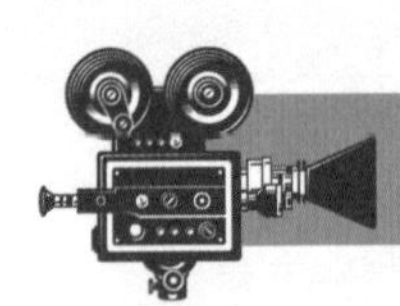

함께 보면 더 좋은 추천 영화

프리가이

감독: 숀 레비 | 2021년 | 12세 관람가

프리시티에 사는 평범한 직장인 가이, 총격전과 날강도가 나타나는 이상한 도시에 살지만 자신의 삶에 만족합니다. 우연히 길에서 만나 첫눈에 반한 그녀에게서 자신이 비디오 게임 속 배경 캐릭터 NPC이고 그의 세상이 곧 파괴될 것이라는 경고를 듣습니다. 세상을 구하기 위해 히어로가 되기로 결심한 가이의 좌충우돌 레벨 업 과정을 보여줍니다.

아바타

감독: 제임스 카메론 | 2009년 | 12세 관람가

지구 에너지 고갈 문제를 해결하기 위해 판도라 행성으로 향한 인류는 원주민 나비족과 대립합니다. 이 과정에서 전직 해병대원 제이크 설리가 아바타 프로그램을 통해 나비족의 중심부에 투입됩니다. 나비족과 인간의 피할 수 없는 전쟁 앞에서 제이크는 선택의 기로에 서지요. 링크룸을 통해 나비족이 되는 기술은 첨단 과학이 보여주는 환상적인 미래를 상상하게 합니다.

스페이스 잼: 새로운 시대

감독: 말콤 D. 리 | 2021년 | 전체 관람가

농구를 하기 싫다며 투정하는 아들이 갑자기 사라지고 매트릭스 같은 공간으로 빨려 들어간 아빠 킹 제임스. 그의 앞에 나타난 도메인의 왕은 아들을 만나려면 자신과의 농구 경기에서 이겨야 한다고 말합니다. 워너3000 엔터테인먼트 서버버스의 '툰 월드'에 떨어진 킹 제임스는 아들을 되찾기 위해 루니 툰 캐릭터들과 드림팀을 결성해 군 스쿼드와 시합을 펼칩니다.

영화 감상 후 함께하는 토론 논술 활동

1

난이도 ★★ 중등 국어

인터넷 게임, VR 영상 등 내가 경험한 가상 현실 공간에 대해 설명해보세요. 그 속에서 어떤 감정을 느꼈는지 이야기해봅시다.

2

난이도 ★★★★ 고등 사회

영화에서처럼 과학의 발전으로 가상 현실 공간이 생기면 사람들은 현실을 떠나 가상 공간에 중독되고 매달리는 위험한 상황이 발생할 수 있습니다. 영화에서 보여주는 가상 공간 중독의 사회적 문제는 어떤 것이 있었나요? 이런 문제를 예방하려면 어떤 사회적 규제가 필요할지 생각해봅시다.

3

난이도 ★★★ 중등 도덕, 사회

오아시스를 만든 과학자 할리데이는 자신이 가상 현실을 만든 장본인인데도 가상 세계를 현실 세계의 도피처로 만들었던 자신의 삶을 후회합니다. 과학의 발달이 만든 가상 현실의 장점과 단점에 대해 이야기해봅시다.

4

난이도 ★★★ 중등 도덕

웨이드는 오아시스의 주인이 되자 오아시스의 정책을 바꿔나갑니다. 예를 들어 가상 세계에만 빠지지 않게 하려고 오아시스의 문을 일주일에 두 번 닫습니다. 만약 내가 오아시스 주인이라면 오아시스를 바람직하게 운영하기 위해 어떤 정책을 펼칠지 상상해보세요.

5

난이도 ★★★★★ 고등 사회

메타버스는 이미 우리 생활 깊숙이 들어와있습니다. 팬데믹 사태 이후 비대면 공간의 필요성이 커지자 메타버스 기술도 점점 더 발전하고 있습니다. 메타버스란 무엇이며, 우리가 쉽게 접하는 메타버스에는 어떤 것이 있는지 조사해봅시다.

환경의 위기

내가 대체 뭐가 나빠?

〈로렉스(The Lorax)〉

크리스 리노드, 카일 발다 감독 | 2012년 제작 | 전체 관람가

⚜⚜⚜

우리가 사는 지구 환경은 복구될 수 없는 걸까요? 이런 생각에 빠지면 한없이 비관적이 될 수밖에 없습니다. 지구 온난화로 빙하는 녹아내리고 해수면은 갈수록 높아지고 공기 질은 점점 나빠집니다. 멸종 동물도 점점 늘어만 가고요. 누구의 탓일까요? 답이 하나라는 것이 참 부끄럽고 두렵기도 합니다.

인류가 지구를 통제하고 지배하기 시작하면서 지구 환경은 한 번도 회복된 적이 없습니다. 계속 나빠지고 파괴될 뿐이었지요. 그런데 팬데믹 사태가 일어나 지구촌 구석구석이 '우선 멈춤'되어 자연이 잠시 회복되었다는 이야기를 곳곳에서 확인할 수 있었습니다. 전염병에 대한 두려움으로 인간이 활동을 자제했던 단 몇 달이 자연에게는 숨 쉴 틈이 되었던 것이지요. 그것도 잠시, 자연은 다시 예전과 다를 바 없는 파괴의 시간 속에 빠져버렸습니다. 일상은 회복되고 일상 같은 환경 파괴도 계속되고 있습니다.

내가 대체 뭐가 나빠?

이 영화의 포스터를 보면 노란 수염에 주황색 몸을 가진 '로렉스'가 전면을 차지하고 있습니다. 그가 이야기 전체를 이끌어 갈 듯 보이죠. 그러나 로렉스는 이야기의 중심인물이 아니라 상징적인 존재입니다.

로렉스는 나무의 수호신입니다. 자신을 '나무의 대변자'라고 소개하지요. 하늘에서 신비한 모습으로 내려와 나무 정령임을 보여주지만 좀처럼 그의 능력을 사용하지 않습니다. 그것은 규칙에 어긋나는 일이라고 거듭 말합니다. 그가 말하는 규칙은 어떤 규칙일까요?

자연은 우리에게 아무것도 강요하지 않습니다. 그저 인간의 선택을 지켜보며 가끔씩 경고할 뿐입니다. 신이 인간을 돕되 인간의 삶을 통제하지 않는 것처럼 인간의 일은 인간 스스로 결정해야 한다는 규칙이 로렉스의 태도에도 적용된 것처럼 보입니다.

그런데도 로렉스가 영화 포스터 중심에 떡하니 사리 잡고 있는 이유는 바로 영화가 보여주려는 가치인 '자연'을 상징하는 인물이기 때문입니다.

이야기를 이어가는 중심인물은 원슬러와 순수 소년 테드입니다. 과거를 상징하는 원슬러는 이미 잃어버린 자연, 완전히 없어져버린 나무의 비밀을 아는 유일한 사람입니다. 그는 현재의 꿈나무인 테드를 통해 자신이 깡그리 없애버린 나무를 되살리는 계획을 실현합니다. 멈출 수 없는 탐욕 때문에 숲의 나무를 남김없이 잘라버린 원슬러. 그리고 그의 기나긴 자책의 시간에 마침표를 찍게 해주는 테드의 모습을 보며 우리는 인간이 자연을 어떻게 대해야 하는지를 깨닫습니다.

공기도, 풀도, 바람도, 나무까지도 인공으로 만들어낸 최첨단 도시 스니드빌에 살고 있는 테드는 아름다운 소녀 오드리에게 푹 빠져버렸습니다. 테드는 오드리의 마음을 얻기 위해 그녀가 간절히 원하는 것을 찾기로 하지요. 그런데 오드리가 원하는 것은 여느 소녀들처럼 예쁜 옷도, 아름다운 꽃도 아닙니다. 바로 살아있는 나무입니다. 그녀는 살아있는 나무가 자기 집 마당에서 자라는 것을 보고 싶다고 합니다.

테드는 오드리의 관심을 얻기 위해 나무가 가득하던 시대를 알고 있는 할머니가 알려주신 대로 사라진 나무의 비밀을 아는 자 원슬러를 찾아갑니다. 그는 아무도 가본 적이 없는 스니드빌 바깥세상의 은둔자입니다.

원슬러를 찾아 떠난 테드는 스니드빌을 통제해온 공기 사업가 오헤어의 온갖 협박과 위협을 당하기 시작합니다. 오헤어는 나무를 가장 싫어하고 경계합니다. 아무 조건 없이 공기를 내어주는 나무는 그의 사업에 걸림돌이니까요. 그러니 테드가 나무를 찾으려고 원슬러에게 가는 것을 그냥 두고 볼 수는 없었겠지요.

테드는 오헤어의 방해에도 원슬러를 여러 차례 찾아가 나무가 살아있던 시대의 이야기를 듣습니다. 원슬러는 테드에게 고해성사하듯 자연을 망친 자신의 이야기를 들려줍니다.

아름다운 트러플라 나무가 가득했던 시절, 원슬러는 트러플라 나뭇잎으로 자신의 발명품 스니드를 만듭니다. 스니드는 그야말로 대박 상품이 되고 그것을 만들기 위해 끝없이 나무를 벱니다. 한 그루의 나무도 남아있지 않을 때까지 계속해서요. 그러다 결국 황폐해진 들판을 마주하고서야 자신이 한 짓이 어떤 결과를 낳았는지 깨닫습니다.

원슬러는 스니드의 성공 앞에서 "How bad can I be?(내가 대체 뭐가 나빠?)'라고 외칩니다. 뮤지컬 영화는 아니지만 노래의 비중이 높은 이 영화에서 원슬러의 노래는 인간의 욕망이 어디를 향해 치닫고 있는지를 명확하게 보여줍니다.

내가 대체 뭐가 나빠, 난 운명을 따를 뿐!

내가 대체 뭐가 나빠, 순리대로 할 뿐!

내가 대체 뭐가 나빠, 자연의 법칙을 따를 뿐!

누구나 다 아는 그 법칙은 적자생존!

순이익만 챙기며 시커먼 공해, 썩은 폐수 구정물!

아무리 막아도 우린 절대 멈추지 않아!

아무것도 중요하지 않고 돈만 중요하다고 외치는 이 노래를 듣노라면 인간이라는 사실이 부끄러워집니다. 자연을 지키고 지구 환경의 수호자가 되어야 할 우리의 사명은 돈 앞에서 쉽게 무너집니다. 영화가 아니라 현실 세계에서도 흔히 있는 일이지요.

인간의 어리석은 욕망은 자연과 더불어 살기를 거부해왔습니다. 자연을 정복할 따름이었지요. 오랜 시간 그래왔습니다. 그리고 지금 우리 삶의 방식도 윈슬러와 별반 다를 바 없이 "내가 대체 뭐가 나빠."라고 외치고 있습니다.

완벽한 도시 스니드빌의 불완전함

테드가 사는 스니드빌은 마치 영화 〈트루먼 쇼〉의 도시처럼 완전히 폐쇄된 공간입니다. 도시 가득 어색한 인공미가 흐르지요. 공기는 깨끗하지만 그것은 공기 회사 오헤어가 제공하는 것입니다. 푸른 나무가 있지만 풍선처럼 불어서 세우고 반짝반짝 불이 켜지는 가짜 나무입니다. 사람들은 진짜 나무에 대해 잊었거나 모르고 있습니다. 진짜 나무는 벌레가 생기고 찐득거리며 쓰레기가 나오는 더러운 것일 뿐이라고 생각하기도 합니다. 그러니 공기를 주는 나무가 있는 도시보다는 공기를 사 먹어야 하는 스니드빌이 완벽하다고 생각하지요.

그러나 이런 생각은 도시를 지배하는 거대 자본 권력가 오헤어가 심은 것입니다. 원슬러와는 달리 깨끗한 공기를 제공한다는 착한 가면을 쓰고 있지만 그는 현대 사회에 이미 권력화된 거대 자본가의 모습을 보여주고 있습니다. 지나친 욕망 탓에 자멸한 원슬러. 그러나 그 자멸의 공간을 비집고 들어선 오헤어는 더 끔찍합니다.

오헤어는 겉보기만 그럴싸한 인공적인 도시를 건설하고 공기를 팔며 더 큰 자본 권력을 만들어냈습니다. 나무를 모두 베어버린 원슬러 탓에 공기가 더러워지고 부족해지자 공기를 팔아 엄청난 이익을 얻고 인공 도시 스니드빌의 막강한 권력자가 된 것입니다.

현대 사회의 자본 권력층은 '위장 환경주의'라는 가면을 쓰고 민중을 속입니다. 기업들은 '그린 기업'이라는 그럴싸한 이미지로 자연을 위하는 척하며 환경에 위해를 가합니다. 환경 파괴의 중심에 있는 화석 연료 석유를 생산하는 대기업 셸은 자사를 풍력 발전소로 광고하고, 코카콜라는 가난한 나라에서 샘물이 모두 마를 때까지 물을 퍼 쓰면서 자사를 세계 지하수를 보호하는 주인공이라고 표현합니다. 다국적 기업 몬산토는 유전자를 조작한 씨앗과 독성 있는 살충제까지 판매하지만 자사가 기아와 싸우는 데 기여한다고 홍보합니다. 이 외에도 지금 지구촌에는 수많은 자본가가 자신의 이익을 위해 민중의 귀와 눈을 가리며 오헤어처럼 천사의 얼굴을 보여주고 있습니다.

다행히도 〈로렉스〉에서는 지난날의 실수를 회복하려는 원슬러의 바람이 이루어집니다. 테드는 원슬러에게서 받은 마지막 남은 트러플라 나무의 씨앗을 들고 스니드빌로 씩씩하게 돌아갑니다. 원슬러는 테드에게 씨앗을 도시 한가운데 심고 모두가 보게 하라고 합니다. 세상을 바꿔보라고요.

"실망시키지 않을게요."

당당히 외치며 스니드빌로 향하는 테드의 모습이 참으로 의연합니다. 중요한 전쟁을 앞둔 전사처럼, 의로운 일에 거리낌 없는 의인처럼 테드는 우리에게 세상을 바꿀 누군가가 되라고 격려하는 것 같습니다.

로렉스가 원슬러를 떠날 때 그의 집 앞 돌무더기에 남긴 메시지인 'UNLESS(만약에 ~하지 않으면)'는 로렉스의 안타까움과 원슬러의 후회가 고스란히 담겨있습니다. 테드가 찾아왔을 때 원슬러는 드디어 'UNLESS'의 참 의미를 깨닫습니다. '만약에 나무를 베어 버리지 않았다면', '만약에 욕심을 부리지 않았다면', '만약에 로렉스와의 약속을 지켰다면'…. 수많은 UNLESS로 채웠을 그 길고 긴 시간에 종지부를 찍을 마지막 UNLESS를 테드에게 전합니다.

"만약에 너와 같은 누군가가 관심을 가지지 않는다면 세상은 달라지지 않으니까."

테드는 스니드빌로 달려갑니다. 그곳에는 나무가 가득하던 시절을 추억하며 테드의 행보를 끝까지 응원하던 할머니, 진짜 나무를 보고 싶어 하던 테드의 사랑 오드리가 있습니다.

테드는 씨앗을 심기 위해 오헤어를 피해 스니드빌 광장으로 갑니다. 그러나 이를 오헤어가 놓칠 리 없습니다. 테드는 극단의 방법을 선택합니다. 포클레인으로 스니드빌의 벽을 밀어버리고 나무가 다 잘려 나간 도시 바깥의 황폐한 모습을 사람들에게 보여줍니다. 그리고 포클레인 꼭대기에서 연설합니다. 로렉스처럼 스스로 나무의 대변자라고 말하면서요. 테드는 도시의 완벽함을 주장하는 오헤어의 말에 반박하며 완벽하지 않은 스니드빌에 대해 이야기합니다. 뭔가 하지 않으면 더 나빠질 것이라고, 삶을 바꾸는 첫 출발로 씨앗을 심어야 한다고 외칩니다.

사실 영화는 첫 장면부터 스니드빌 사람들이 이미 느끼고 있을 도시의 불완전함을 보여주었습니다. 필요한 건 모두 공장에서 만들어지고 심지어 나무도 공장에서 대량 생산된다고 자랑하며 나무를 풍선처럼 불어서 세웁니다. 하지만 나무가 터져버리지요. 또한 공기가 너무 더러워 신선한 공기를 판다고 합니다. 스니드빌에서는 모르는 게 약, 공해 물질이 어디로 가는지 모른다고 노래합니다. 수영을 하고 나면 알 수 없는 형광색 물질이 묻어 몸이 반짝인다고도 하지요. 낙원과 같다는 스니드빌의 완벽함이 불완전한 가짜임을 장면 장면에 넣어서 보여주고 있는 것입니다.

오헤어의 감언이설보다 테드의 진정성 있는 설득을 선택하기로 한 스니드빌 시민들은 함께 'Let it grow(나무를 키워요)'를 노래합니다.

> 키워봐요. 키워봐요. 아주 오래전에 그랬듯이
> 비록 작은 씨앗이지만 우리에겐 소중한 희망
> 이젠 우리의 삶을 바꿔야 할 때
> 나무를 키워봐요.

영화는 테드가 심은 씨앗에서 트러플라 나무가 자라는 모습과 함께 마침내 은둔 생활에서 벗어나 집 밖으로 나온 원슬러가 다시 돌아온 로렉스와 포옹하는 장면으로 끝납니다. 그리고 원작의 작가 닥터 수스의 말을 선언처럼 전합니다.

> UNLESS someone like you cares a whole awful lot, nothing is going to get better.
>
> (만약 누군가가 관심을 가지지 않으면 세상은 달라지지 않아요.)

세상의 부조리 앞에서, 세상의 잘못된 권력 앞에서, 망가져가는 우리의 자연 앞에서 언제나 우리 마음에 새겨야 할 소중한 교훈입니다.

함께 보면 더 좋은 추천 영화

월·E

감독: 앤드류 스탠튼 | 2008년 | 전체 관람가

텅 빈 지구에 홀로 남아 수백 년이라는 시간을 외롭게 일만 하며 보내던 월·E. 그런 그가 매력적인 탐사 로봇 '이브'와 마주친 순간 사랑에 빠집니다. 자연을 잃은 인간, 기계 문명에 지배당한 인간이 인공 지능 로봇 월·E와 이브를 통해 지구를 위해, 인간을 위해 지켜야 할 소중한 가치가 무엇인지 깨닫게 됩니다.

바람계곡의 나우시카

감독: 미야자키 하야오 | 2000년 | 전체 관람가

거대 산업 문명이 붕괴된 지 천 년이 지난 후 지구는 인류 제2의 종말을 예고합니다. 지구상에는 독성의 균사를 내뿜는 곰팡이, '오무'와 같이 거대하게 변질된 곤충류, 독을 품은 자연과 맞서 살아가는 극소수의 인간뿐입니다. 자연을 정복하려는 인간과 분노한 자연의 모습이 처절하고도 생동감 있게 펼쳐집니다.

MAN, MAN2020

감독: 스티브 커츠 | 2012년, 2020년 | 전체 관람가

〈MAN〉은 인간으로 인해 변해가는 자연의 모습을 직설적이고 강렬하게 3분 36초 동안 보여줍니다. 짧은 시간에 함축적으로 보여주는 영상은 인간이 얼마나 빨리 자연을 파괴했는지를 느끼게 해줍니다. 〈MAN2020〉은 코로나19로 인간이 칩거하는 동안 자연이 얼마나 즐거워했을지를 1분 5초 안에 보여줍니다. 인간의 존재가 얼마나 자연에 치명적인지 느끼게 해줍니다.

영화 감상 후 함께하는 토론 논술 활동

1

난이도 ★★ 중등 국어

스니드빌은 아름답지만 안타까운 도시입니다. 만약 우리가 스니드빌에서 산다면 겪게 될 문제점을 세 가지 이상 찾아봅시다.

2

난이도 ★★★ 중등 사회

공기 회사의 CEO 오헤어는 돈을 벌기 위해 사람들에게 거짓말을 합니다. 어떤 거짓말을 했으며 그의 거짓말이 사회에 어떤 영향을 미쳤는지 이야기해봅시다.

3

난이도 ★★★★ 중등 도덕

원슬러는 능력이 없다고 오랫동안 가족에게 무시당하다가 드디어 성공의 맛을 봅니다. 그리고 그 성공의 맛에서 벗어나지 못하고 자신의 욕망을 폭주시킵니다. 원슬러가 도덕적으로 옳은 선택을 하면서 자신의 기업도 키워나가려면 어떤 방법으로 사업을 해야 했을지 원슬러의 사업 동반자가 되어 토의해봅시다.

4

난이도 ★★★ 중등 도덕

로렉스는 원슬러의 행동이 잘못인지 알면서도 저지하지 않고 그의 선택을 지켜봅니다. 자연을 위해 로렉스가 좀 더 적극적인 태도를 취했어야 하지는 않았을까요? 로렉스의 행동이 옳았는지 혹은 옳지 않았는지 입장을 정하고 근거를 제시해봅시다.

5

난이도 ★★★★★ 고등 사회

도시를 지배하던 권력자 오헤어는 자신의 욕심을 위해 진실을 왜곡시킨 거짓말이 들통나자 잘못을 바로잡기 위해 똘똘 뭉친 시민에 의해 축출당합니다. 우리 사회에서 시민의 힘으로 잘못된 기업을 혼쭐낸 일이 있나요? 시민의식 측면에서 사회적으로 문제를 일으키고 비윤리적이거나 비도덕적인 행위를 한 기업을 어떻게 대해야 하는지 실례를 들어 토의해봅시다.

우리에게 선택권은 남아있지 않다

〈카우스피라시(Cowspiracy)〉

킵 안데르센, 키건 쿤 감독 | 2014년 제작 | 12세 이상 관람가

⚜ ⚜ ⚜

산업화 시대에는 증기 기관차의 발명으로 교통이 발달하고 공업화와 분업화 방식으로 생산성이 폭발적으로 증가했습니다. 이러한 변화는 인류에게 물질적 풍요로움을 주었지만 환경 파괴라는 재앙을 함께 안겨주었습니다. 화석 연료의 사용 증가는 지구 온난화라는 문제를 불러왔고 기후 변화, 생태계 파괴, 바이러스 등 인간의 생명을 위협하는 수많은 문제 또한 발생시켰습니다. 쓰나미로 많은 사상자가 생겨나고 1년 내내 여름인 지역에 한파가 오거나 폭설이 내리기도 했지요. 그리고 최근에는 코로

나19 바이러스로 3년 동안 온 세계가 멈추다시피 했습니다. 학교와 언론, 환경 단체는 이 모든 것이 우리가 무분별하게 자원을 사용한 대가라고 말합니다.

지구 온난화를 막기 위한 노력은 오래전부터 이어지고 있습니다. 지속 가능한 사회를 다루고 환경을 보호하기 위한 캠페인도 교육 과정을 통해서 오랫동안 이어오고 있지요. 우리는 어렸을 때부터 에너지를 절약하기 위한 교육을 받고 일상에서 환경 보호를 위한 다양한 방법을 실천하고 있습니다. 불을 끄고, 수도꼭지를 잠그고, 텀블러를 사용하는 등 지구의 생명이 하루라도 늘어날 수 있도록 노력합니다.

그런데 에너지를 절약하는 것이 지구를 살리는 근본적인 대안이 아니라고 주장하는 영화가 있습니다. 〈카우스피라시〉라는 영화입니다. 이 영화는 지구 온난화에 영향을 미치는 가장 큰 요소로 축산업을 꼽고 있습니다.

사실을 보여주는 연구 자료

지구의 생명을 위협하는 가장 큰 문제는 지구가 뜨거워지는 지구 온난화 현상입니다. 지구 온난화에 따른 각종 기후 변화와 물 부족 현상으로 인류는 생명의 위협을 느끼고 있습니다. 환경 단체는 화석 연료를 줄이고 물을 절약하지 않으면 지구를 돌이

킬 수 없게 된다면서 다양한 캠페인을 벌입니다. 그런데 유엔 온라인 보고서와 각종 연구 자료는 지구 온난화와 물 부족의 가장 큰 원인이 축산업에 있다고 말합니다.

먼저 지구 온난화 문제의 원인을 살펴봅시다. 세계은행그룹의 두 환경 전문가는 기후 변화에 영향을 미치는 온실가스의 51%가 축산업 때문이라고 합니다. 이산화탄소보다 지구 온난화에 미치는 영향이 296배 더 높은 이산화질소는 축산업에서 65%를 배출합니다. 세계가 에너지를 전혀 사용하지 않는다고 해도 축산업에서 나온 온실가스만으로 지구 온난화 진행 속도가 빨라진다는 거죠.

또한 축산업은 물 부족 현상의 원인이 됩니다. 지구가 가진 대부분의 물은 바다에 있어서 인간이 먹고 마실 수 있는 담수는 2.5%밖에 되지 않습니다. 이조차 점점 줄어드는 상황인데 이 소중한 물의 대부분이 축산업에 소비되고 있습니다.

미국 가정에서 사용하는 물은 미국 전체 물 사용량의 5%에 불과하지만 축산업에 사용되는 물은 무려 55%를 차지합니다. 그것도 가축이 마시는 직접적인 물 소비가 아니라 가축이 먹는 곡식을 경작하기 위한 물의 양으로, 이를 음식으로 계산해보면 햄버거 하나 만드는 데 2,500리터가 소비되는 것입니다. 그뿐 아니라 가축 배설물은 미국에서만 1초에 53톤이 생겨나고 육지에서 가축을 기르면 전 세계 바다에 질소로 가득 찬 죽음의 해역이 500군데가 생기고 2만 5,000㎢ 내에 생명체가 살 수 없다고

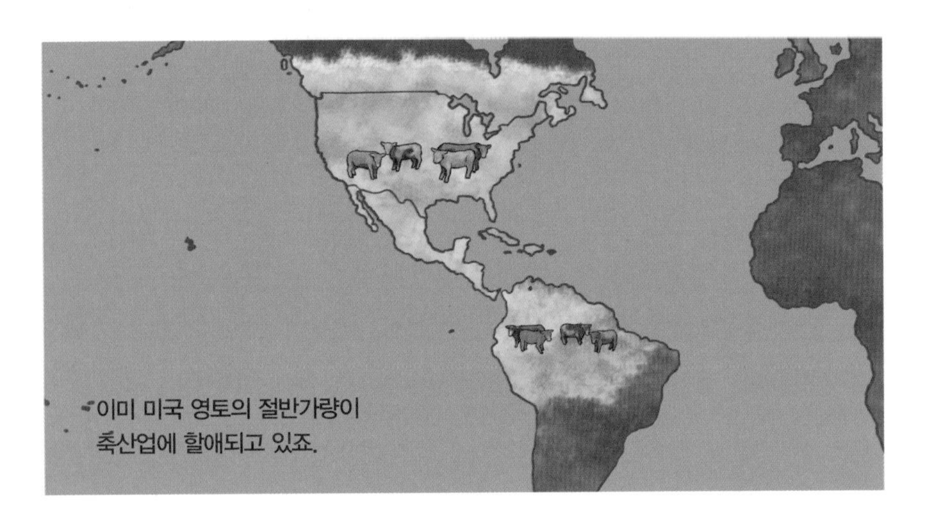

합니다.

다음으로 생각해볼 문제는 지구의 면역력을 담당하는 아마존 밀림 파괴입니다. 아마존 밀림은 지구에 산소를 제공하고 온도 조절에도 영향을 미칩니다. 지구 환경에 중요한 역할을 하고 있죠. 이 아마존 밀림이 최근 1초에 축구장 한 개 크기만큼 사라지고 있는데 그 원인이 축산업에 있다고 합니다.

소, 돼지와 같은 가축을 방목하고 가축의 사료로 이용되는 곡식을 재배할 땅이 부족해 아마존에 대형 농장을 짓고 옥수수와 콩 같은 가축의 먹이를 경작하는 겁니다. 아마존 밀림 파괴는 지구의 면역력을 떨어뜨릴 뿐 아니라 생태계 파괴를 비롯한 심각한 2차 문제를 불러옵니다. 파괴된 아마존 밀림은 제 기능을 잃고 그로 인해 지구의 환경 문제는 더욱 심각해지는 것입니다.

거짓, 침묵하는 환경 단체

수자원관리국의 온라인 사이트에는 물 절약 방법, 전기 절약 방법 등이 나와있습니다. 수자원관리국의 관계자는 환경 오염의 원인으로 물 낭비와 스프링클러 같은 시설의 노후화를 지적합니다. 해양 환경 단체 서프라이더는 비닐봉지와 쓰레기에 관한 캠페인을 진행하고 바다 오염의 원인으로 버려진 타이어에서 나온 중금속 제초제를 언급합니다. 〈카우스피라시〉 감독은 그린피스를 비롯한 다른 환경 단체에 축산업이 지구 온난화에 미치는 영향에 관한 통계 자료를 알려주면서 이에 대한 의견을 물었지만 그들은 답변하기를 거부합니다.

열대우림행동네트워크 샌프란시스코 본부는 열대 우림을 파괴하는 주범으로 가축이 아닌 팜유, 제지, 석탄을 지목하고 캠페인을 벌입니다. 팜유로 사라지는 열대 우림 면적이 10만 5,218㎢라면 가축 농장으로 사라지는 열대 우림 면적은 55만 218㎢입니다. 팜유보다 가축 농장을 만드는 데 사라지는 열대 우림 면적이 다섯 배 이상인데도 가축에 관해서는 이야기하기를 꺼립니다.

시민 사회 단체 아마존워치 역시 마찬가지입니다. 그들이 꼽는 아마존 밀림 파괴의 가장 큰 원인은 석유나 가스 파이프 같은 대규모 프로젝트와 광산이나 대형 댐 건설 계획입니다. 천연자원보호협의회도 환경 오염의 주범으로 소가 아닌 엔진을 지적합니다. 가축의 오염 배출량이 더 많다는 자료를 제시하고 사실을 말해도 귀 담아 듣지 않고 에너지 생산과 교통이 주범이라고 반복해서 말합니다.

이들은 왜 축산업이 지구 온난화의 원인이라는 것을 인정하지 않고 답변을 거부하는 걸까요? 오랫동안 지구의 환경을 지켜온 세계적으로 권위 있는 환경 단체인데도 이들은 이 분야에 대해 전혀 정보가 없어 보입니다.

"육류 산업과 낙농업이 환경 비영리 단체에 기부한 적 있나요?"

"그 질문에는 답하고 싶지 않군요."

전 그린피스 임원이 충격적인 말을 전합니다.

"환경 단체는 회원으로 이루어진 단체라서 기부금을 낼 회원을 모아야 하기 때문에 그린피스는 육식 문제에 대해 언급하지 않습니다."

환경 단체는 자신들의 단체나 기관을 유지하고자 본연의 업무를 배임하고 있었던 겁니다.

몬태나주의 낙농가 아들로 태어나 가축 농장에서 평생을 보낸 전 축산업 경영자 하워드 라이먼은 오프라 윈프리 쇼에서 축산업에 관한 진실을 밝혔습니다. 이후 그는 목장주들에게 식품비방금지법을 어겼다는 이유로 고소당했고 소송하는 데만 5년의 시간과 수십만 달러를 잃었습니다. 그는 감독도 위험할 수 있다고 경고합니다. 축산업의 이익에 혼란을 불러온다면 진실을 말해도 유죄가 될 수 있도록 짜여있다는 거죠.

브라질에서 산림법이 통과되자 많은 사람이 축산업, 기업식

농업에 반대했습니다. 하지만 선두에 나선 호세 카를로스와 클라우디오는 죽었습니다. 파라에 살았던 도로시 스탱 수녀는 축산업계에서 고용한 살인 청부업자에게 살해당했습니다. 지난 20년간 브라질에서 1,100명이 넘는 운동가가 살해당했습니다. 많은 사람이 죽임을 당하자 사람들은 총에 맞아 죽는 것이 두려워 침묵을 선택했습니다.

전환, 인간의 사고

우리 사회는 지속 가능한 사회를 위해 유기농, 동물 복지 식품을 하나의 대안으로 보고 있습니다. 정말 이 방법이 지구를 살릴 수 있을까요? 농장을 운영하는 사람은 지속 가능한 방법으로 온 세계가 유제품을 먹는 것은 실현 가능성이 없다고 말합니다. 지속 가능성에서 가장 중요한 것은 수익성인데 유기농이나 동물 복지 가축 농장 운영은 높은 수익성을 내기 어렵다는 거죠. 그리고 가장 중요한 것은 인류가 먹는 가축과 가축이 먹는 사료를 경작할 땅이 지구에는 턱없이 부족합니다.

〈카우스피라시〉에서 제시하는 대안은 지속 가능한 축산업이 아니라 에너지 전환율이 낮은 식품을 먹는 것, 즉 식량을 전환하는 것이라고 말합니다. 닭은 에너지 전환율이 38대 1이지만 식물로 만든 인공 달걀 파우더는 2대 1에 불과합니다. 낭비되는 에너지 없이 거의 그대로를 우리가 섭취하는 거죠. 그런데 이것이 대안이 될 수 있을까요? 동물을 먹는 것과 먹지 않는 것에 대한 선택은 결국 지구에 대한 사고방식에 달려있습니다. 인간이 지구를 어떻게 생각하느냐에 따라 이 방법은 대안이 될 수도 있고 폐기 처분될 수도 있습니다. 단지 우리가 살아야 할 지구의 생명을 늘리겠다는 인간 중심 사고로는 이 방법이 채택되기 어렵다고 볼 수 있습니다.

1만 년 전 지구는 야생 동물이 99%였고 인간은 1%에 불과했습니다. 하지만 현재는 인류와 인류가 소유한 가축이 전 생물량의 98%를 차지하고 야생 동물은 2%밖에 없습니다.

인간은 동물을 매우 쉽게 죽입니다. 우리가 먹을 물고기 450g을 얻기 위해 2kg에 달하는 다른 야생 어류를 죽이는 것을 당연시합니다. 코끼리 3만 마리를 학살하는 것도, 늑대와 코요테에게 총을 쏘는 것도 매우 쉽습니다.

인간은 동물을 냉동고 팩에 담긴 고기나 통조림으로 생각합니다. 그래서 더 부드러운 고기를 위해 송아지를 죽이거나 죽기 전까지 우리에 가두어서 기릅니다. 이에 대해 죄책감을 느끼지도 않지요. 그에 합당한 비용을 냈다고 생각합니다.

만일 모든 인간이 육식을 포기하면 지구는 안전해질 수 있을까요? 아마 인간은 고기 대신 다른 욕망을 만들어낼 것이고 또 다른 문제가 발생할 겁니다. 이것은 육식과 채식의 문제가 아닌 인간의 사고에서 만들어진 문제입니다.

지구는 인간만 살아가는 곳도 인간만을 위한 곳도 아닙니다. 지구는 인간을 포함한 다양한 동물의 터전입니다. 동물을 인간의 먹이라고 생각하는 인간 중심주의와 생명을 존중하지 않는 사고방식이 바뀌지 않는 한 지속 가능한 사회의 다양한 대안은 성공할 수 없습니다.

함께 보면 더 좋은 추천 영화

미니멀리즘

감독: 조슈아 필즈 밀번, 라이언 니커디머스 | 2016년 | 12세 관람가

미니멀리즘을 주창하는 조슈아와 라이언은 30일 동안 서른 가지의 물건을 버리는 프로젝트를 시작하면서 물건의 가치에 대해 생각합니다. 의미 있는 물건이 적을수록 그 물건들이 훨씬 더 가치 있습니다. 영화는 물건을 버리는 과정에서 물건에 대한 가치를 생각하고 삶과 물질에 대한 다양한 질문을 던집니다.

옥자

감독: 봉준호 | 2017년 | 12세 관람가

아름다운 강원도 산골에서 소녀 미자와 돼지 옥자는 자매처럼 자랍니다. 어느 날 갑자기 글로벌 기업이 옥자를 뉴욕으로 끌고 가고 미자는 옥자를 구하기 위해 미국으로 향합니다. 미자는 글로벌 기업 미란도에 잠입해 옥자를 찾는데 그 과정에서 끔찍한 현장을 목격합니다. 영화는 동물과 인간의 관계를 통해 우리에게 동물의 윤리에 관한 생각을 던져줍니다.

씨스피라시

감독: 알리 타브리지, 킴 앤더슨 | 2021년 | 15세 관람가

바다가 죽으면 지구도 우리도 죽습니다. 바다 야생 동물은 이산화탄소를 흡수하고 우리에게 필요한 산소의 85%를 만들어냅니다. 영화는 현재 급속도로 파괴되고 있는 바다의 현황을 사실을 기반으로 보여줍니다. 그리고 바다에 얽힌 이해 관계와 이익 집단이 만든 바다에 관한 오해와 진실을 파헤칩니다.

영화 감상 후 함께하는 토론 논술 활동

1

난이도 ★★ 중등 사회

최근 전 세계적으로 발생하고 있는 자연재해에 대해 조사해봅시다.

언제 ________________

어디에서 ________________

무엇이 ________________

어떻게 ________________

왜 ________________

피해 규모 ________________

피해에 대한 국제 사회 또는 정부의 대책 ________________

2

난이도 ★★ 중등 사회

내가 실천하고 있는 환경 보호 활동을 생각해본 후 이야기를 나누어봅시다.

3

난이도 ★★ 중등 과학

단백질은 우리 몸에 필요한 3대 영양소로 우리 몸 자체를 유지하는 데 꼭 필요한 영양소입니다. 우리 몸을 건강하게 유지하기 위해서는 단백질 섭취 기준을 고려해 균형 있는 식단을 짤 필요가 있습니다. 성별, 연령, 몸무게에 따라 나에게 필요한 단백질 하루 섭취량을 계산해봅시다. 음식을 먹을 때 단백질의 양은 어느 정도 필요한지 생각해봅시다.

성별: ____________________	동물성 단백질: 닭가슴살 ________ g,
연령: ____________________	생선 ________ g
단백질 권장 섭취량: ____________	식물성 단백질: 콩 ________ g

4

난이도 ★★ 중등 사회

〈카우스피라시〉 감독은 지구 환경을 지키기 위해 음식의 전환이 이루어져야 한다고 말합니다. 즉 에너지 전환율이 낮은 육식에서 에너지 전환율이 높은 채식으로 바꿔야 한다는 건데요. 이는 음식 체계가 모두 바뀌어야 한다는 것과 같습니다. 여러분은 이러한 해결책이 실현 가능하다고 생각하나요? 실현 가능하다면 구체적인 방법을 제시하고, 실현할 수 없다면 다른 대안으로 어떤 것이 있을지 의견을 나누어봅시다.

5

난이도 ★★ 중등 사회

〈카우스피라시〉 감독은 환경 단체가 각자의 이해관계 탓에 축산업의 문제를 적극적으로 알리지 않는다고 말합니다. 여러분이 환경 단체 구성원이 되어 축산업의 문제를 알릴 수 있는 캠페인을 기획해봅시다.

대기업의 거짓말 속 진실 찾기

〈다크워터스(Dark Waters)〉

토드 헤인즈 감독 | 2020년 제작 | 12세 관람가

⚜⚜⚜

'가습기메이트'라는 상품을 아시나요? 가습기에 넣어주기만 하면 물때와 함께 나쁜 물질을 제거해주는 마법 같은 제품으로 소비자들에게 좋은 반응을 얻었습니다. 그런데 가습기메이트 사용으로 7,598명의 피해자가 나왔습니다(다른 유통사에서 나온 가습기 살균제 포함). 그중 사망자가 239명, 심각한 폐 질환 형태로 고통받는 사람이 1,528명입니다.

가습기 살균제의 심각성이 드러난 시기는 2011년 영유아들이 이로 인해 사망했다는 사실이 알려지면서부터입니다. 질병관리본

부는 역학 조사를 시작했으며 그 결과 화학 물질에 대한 유해성이 밝혀졌습니다.

하지만 정부는 공업용 항균제가 가정용 항균제로 변경되면서 의약품이 아닌 공산품으로 분류되어 관리 대상◆에서 제외되었다고 변명했습니다. 게다가 유해성이 완벽하게 입증되지 않았다며 제품의 명단 공개도 하지 않고 있습니다. 이러한 정부의 미온적 태도에 분노한 시민 운동 단체와 피해자들은 직접 나서기 시작했습니다.

제조업체에서 재료를 공급받아 가습기 살균제를 만든 회사들이 자신들의 잘못을 무마시키기 위해 정부와 과학자들을 매수한 것인지 2021년 판매업체는 무죄 판결을 받았습니다. 동물 실험 결과 가습기 살균제와 폐 질환의 인과 관계를 인정할 만큼 증거가 충분하지 않다는 것이 그 이유였습니다. 정부와 대기업의 이러한 태도와 결과는 피해자들을 더욱 비참하게 만들었습니다. 그래서 피해자들은 외칩니다.

"당신들이 이 제품을 6개월만 써보면 알게 될 거다."

힘없는 시민들이 대기업을 상대로 소송을 한다는 것은 길고 외로운 싸움입니다. 돈만 좇는 대기업과 거기에 힘을 실어주는 과학자들 그리고 정부의 모습은 〈다크워터스〉에서 듀폰을 상대로

◆ 사회적 요구와 국제적으로 강화되고 있는 환경 안전 대응 차원에서 2013년에 우리나라에도 '화학 물질 등록 및 평가 등에 관한 법률'이 제정되었고 2015년부터 이 법안이 시행되고 있습니다.

외롭고 긴 싸움을 하는 한 변호사의 이야기와 너무 닮았습니다.

아무 문제가 없다고?

1975년 어느 늦은 밤 웨스트버지니아주 파커즈버그의 어느 강가에서 젊은이들이 수영을 합니다. 그런데 강물 곳곳에 거품이 보이네요. 관리인들은 그들에게 여기서 수영하면 안 된다며 쫓아낸 후 약품을 뿌려 거품을 없앱니다. 누가 알면 안 되는 것처럼 배의 불도 켜지 않은 채 말입니다.

23년이 지난 1998년 태프트 로펌에서 일하는 롭에게 태넌트가 찾아와 변호를 의뢰합니다. 그러고는 무작정 자신을 변호해달라며 비디오테이프를 남기고 떠납니다. 비디오테이프에서 송아지의 뒤틀린 발굽, 자궁 속 종양, 까맣게 변한 소의 이빨, 심장보다 큰 쓸개가 담긴 영상을 본 롭은 테넌트의 농장을 찾아갑니다.

롭은 소가 죽은 이유는 테넌트가 가축 관리를 소홀했기 때문이라며 결과지를 보여줍니다. 그것을 본 테넌트는 화를 내며 롭을 농장으로 데려갑니다.

농장의 상황은 너무 참혹했습니다. 처음에는 소가 죽으면 가족이라고 생각하며 묻어주었는데 그 수가 너무 많아져서 쌓아놓고 불을 질렀습니다. 무려 190마리의 소가 죽었습니다.

소들이 먹던 시냇물도 이상합니다. 시냇물 속 바위가 표백제에 넣은 것처럼 모두 하얀색입니다. 테넌트는 소의 죽음이 모두 화학 물질 때문이라고 말합니다. 그때 갑자기 소가 달려듭니다. 제정신이 아닌 것 같습니다. 테넌트는 총으로 소를 쏘아 죽입니다. 순하던 소들이 사람을 공격하는 이상 행동을 보이는 것입니다.

상황을 직접 목격한 롭은 이 사건에 대해 더 알아보기로 합니다. 소에게 먹을 것을 충분히 주는데도 살이 빠지고 내장이 과하게 부풀거나 이상해지는 현상을 본 수의사도 이런 일은 처음이라고 합니다.

소들의 무덤

듀폰 공장에서 구덩이 파는 일을 하는 테넌트의 동생은 어느 날부터 몸이 아파 일을 하지 못했습니다. 회사 관계자들은 동생이 아픈 것은 화학 물질과 관계없다고 했지만 동생은 얼마 후 죽었습니다. 도대체 구덩이는 왜 팠으며 그 구덩이에 무엇을 묻으려고 한 걸까요?

테넌트는 동생의 죽음과 소들의 죽음이 너무 이상하다고 생각했습니다. 그래서 듀폰, 정부, FBI, 환경보호국에 물어보았지만 구덩이에 무엇을 묻었는지, 동생과 소들이 왜 갑자기 죽게 되었는지 아무도 알려주지 않습니다.

듀폰은 '화학으로 더 나은 삶'을 위한 회사라고 외칩니다. 편안하고 행복한 삶을 누릴 수 있게 화학 제품을 만드는 회사라고 말입니다. 롭은 혼란스럽습니다. 자신이 변호하고 있는 화학 회사 듀폰은 아무 문제가 없다고 하지만 모든 것이 사라져가는 태넌트의 농장을 보면 문제가 있어 보입니다. 도대체 진실은 어디에 감추어져 있는 것일까요?

마음의 고향 같은 마을이 괴물 같은 마을로

매립지에 뭐가 있는지 조사하려 하지만 마을 사람들은 듀폰이 무서워서인지 아니면 돈으로 매수를 당한 것인지 아무도 협조하지 않습니다. 롭의 회사는 비싼 변호사 비용을 농부가 감당할 수 없을 것이며 듀폰을 상대로는 이길 가능성이 없으니 롭에게 손을 떼라고 합니다. 하지만 롭은 도움이 필요한 사람에게는 도움을 주어야 한다며 이 일을 맡게 해달라고 회사에 부탁합니다.

1999년 롭이 듀폰에 자료 요청을 하자 듀폰은 1957년부터 모아둔 회사 자료를 모두 보냅니다. 방 안을 가득 채운 자료를 보고 롭은 기가 막힙니다. 이렇게 하면 롭이 포기할 거라고 생각했나 봅니다. 하지만 그는 포기하지 않고 자료를 찾습니다. 방 안 가득 쌓인 자료에서 PFOA◆라는 물질이 반복해서 나와 검색해봤지만 아무것도 나오지 않습니다. 롭은 PFOA가 장쇄탄화플루오르탄소로 인조 합성물이며 C8로 이름을 바꿔 사용하고 있다는 것을 화학자를 통해 알게 됩니다.

"이걸 마시면 어떻게 되나요?"

"그건 마치 타이어를 삼키는 것과 같아요."

타이어는 소화도 안 되고 내 몸이 남아있을 텐데, 그렇다면 C8도 내 몸에 계속 남아있다니 끔찍합니다. 듀폰은 1996년부터 C8를 오하이오강에 배출했고 가정용 급수에서도 C8가 감지됩니다. 마을 주민 모두 독을 마시고 있었던 것입니다.

2차 세계 대전 때 비밀리에 만들어진 PFOA는 탱크의 방수 코

◆ 탄소로 연결된 탄소 원자에 불소가 첨가된 것입니다. 탄소 원자 여덟 개를 체인처럼 연결한 것이 C8이며 생화학적으로 깨지지 않아 산업용으로 쓰이고 3M에서 개발했지만 지금은 쓰이지 않습니다.

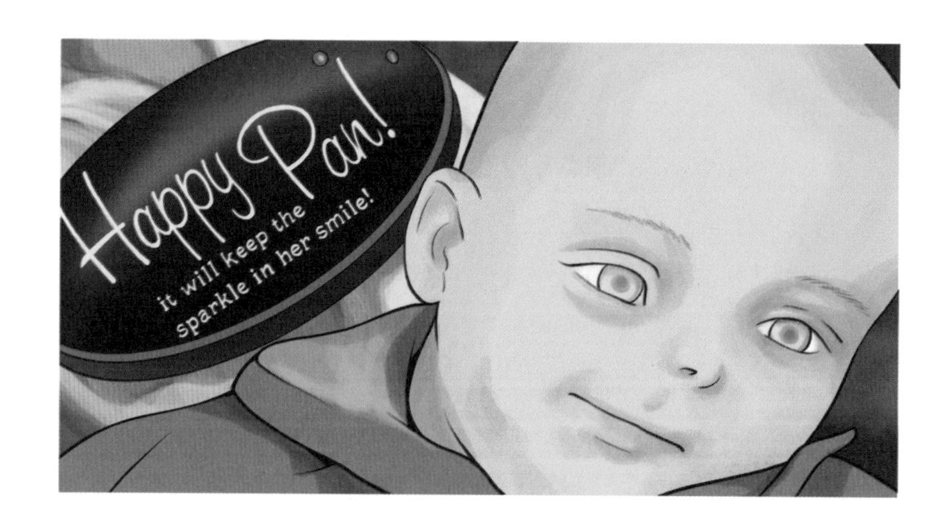

팅제로 쓰였습니다. 화학자들은 절대 깨지지 않을 만큼 단단한 이 물질을 전쟁터에서만 쓰지 말고 미국 가정에서도 활용해보기로 합니다. 그리고 이름을 C8로 바꾸어 불침투코팅제로 개발합니다. 그리고 탱크가 아닌 프라이팬용 코팅제로 변신시켜 '테프론'이라고 명명합니다. 천재성이 빛나는 물질이 웨스트버지니아주에서 탄생한 것입니다.

1962년 테프론을 만든 노동자들이 매스꺼움과 고열에 시달리자 듀폰은 원인을 찾기 위해 담배에 테프론을 섞어 몇몇 노동자들에게 피우게 했습니다. 그 담배를 피운 노동자들은 전부 병원 신세를 지게 되었죠. 회사 직원을 인체 실험에 이용하다니 정말 무서운 것이 없는 회사입니다.

테프론이 출시되고 1년 후 듀폰은 굴뚝으로 C8 먼지를 배출하고 폐기물은 오하이오강에 버리거나 드럼통에 넣어 묻었습니다. 묻어두었던 폐드럼통이 발견되자 워싱턴 웍스 공장 지대에 구덩이를 파서 다시 묻어버렸지요. 독성이 있는 수천 통의 폐기물과 오염 물질을 매립하기 위해 구덩이를 판 사람이 바로 테넌트의 동생 짐입니다.

듀폰과 스카치(3M)는 동물 실험을 통해 C8가 기형아와 각종 질병을 일으킨다는 것을 알았지만 쉬쉬합니다. 프라이팬이 원인이라는 것을 알면서도 연 10만 달러의 수익을 포기할 수 없어 40년간 C8를 대기와 물로 유출시켜온 것이었습니다.

존 덴버의 〈Contury Home Take Me Home〉이라는 노래 가사처럼 그리운 그 누군가의 고향이 듀폰 때문에 흉측한 모습으로 변해가고 있었습니다.

돈 앞에 사라지는 정의

롭은 테넌트에게 파커즈버그를 떠나라고 충고합니다. 하지만 소뿐 아니라 자신과 부인도 암에 걸린 테넌트는 아무것도 필요 없다면서 다만 듀폰의 잘못을 세상에 알려달라고 합니다.

롭은 환경보호국, 법무부, 보건복지부에 자신이 찾아낸 메모와 증거 자료 136개를 보내고 공청회를 진행합니다. 하지만 듀폰은 대중에게 위협이 되는 진실을 파헤쳐 사람들을 두렵게 하는 롭의 행위는 변호사의 직무를 뛰어넘는 일이라며 경고합니다.

2년 후 롭은 듀폰에서 일하다가 죽은 화학자의 부인을 만납니다. 놀라운 세척력을 가진 기적의 세제를 만드는 일에 참여한 남편이 병이 든 후 듀폰은 집도 사주고 두 아들을 대학에 보낼 수 있는 돈을 지원해주었습니다. 그때는 남편의 아픔을 보상해주는 회사가 고마웠는데 지나고 보니 다 이유가 있었다는 것을 알게 되었습니다. 그리고 듀폰은 마을 사람들에게 식수에 C8가 조금 들어있긴 하지만 혈관에서 천천히 사라지며 지하수에서 발견된 C8는 인체에 안전하다며 거짓 편지를 보냅니다. 마을 사람들은 듀폰의 입장을 의심 없이 받아들입니다.

2002년 공청회에 나온 환경보호국 박사는 C8의 오염 가능성은 10억 분의 150 정도로 인체에 영향을 미치지 않는다고 증언합니다. 기존 연구에서는 C8의 오염 가능성이 10억 분의 1이었지만 이 정도의 수치도 위험한 상황이라고 나와있습니다. 그런데 환경보호국 박사는 C8의 오염 가능성을 더 높게 보면서도 위험성은 더 적다고 이야기합니다.

이처럼 듀폰은 사실을 은폐하고 정부도 이익에 따라 움직이면서 잇속을 채우려고만 합니다. 권력과 돈 앞에서 도덕이나 신뢰는 찾아볼 수 없습니다. 도대체 정의는 어디에 있는 걸까요? 사람의 생명은 포기해도 돈을 포기하지 못하는 듀폰의 입장을 이해할 수가 없습니다.

영웅은 직접 행동하는 자이다

롭은 2004년 듀폰의 내부 문건에서 C8에 노출된 사람들에게서 현저히 높은 내분비계 알레르기 증상과 대사장애, 간질병, 백혈병, 기형아 출산, 암이 유발되었다는 사실을 발견합니다. 이는 C8의 위험성을 인지한 듀폰이 자체적으로 생쥐 실험을 통해 밝혀낸 사실입니다.

롭은 이 사실을 세상에 공개하는 것이 너무 두렵습니다. 듀폰 회장에게 7시간 넘게 증거물을 제시하고 돌아오는 길, 롭은 자동차에 시동을 걸지 못합니다. 차에 폭탄이 장치되어 시동을 거는 순간 죽을 수도 있을 거라는 두려움이 엄습했기 때문입니다.

다행히 C8의 유해성이 전 세계에 보도되면서 전수 조사를 위해 6만 9,000명의 혈액 채취가 이루어집니다. 그 사이 테넌트는 암으로 사망했고 롭마저 쓰러져 병원에 입원합니다. 병원에 온 회사 사장에게 부인은 말합니다.

"남편을 실패자로 만들지 말아주세요. 롭에게 태프트는 직장이 아니라 집입니다."

7년이 지난 후 드디어 혈액 검사 결과가 나오고 C8와의 연관성이 밝혀집니다. 포기하려고 마음먹는 롭에게 카렌프랭크 연구집단 박사가 말합니다.

"당신 덕분에 질병에 걸린 사람들이 보상과 진찰을 받을 수 있게 되었습니다. 좋은 일 하셨어요."

좋은 일을 했다는 마지막 한마디에 롭은 다시 힘을 얻습니다. 하지만 싸움은 그리 쉽게 끝나지 않습니다. 듀폰은 이 모든 사실에 대한 합의를 철회하고 법원의 판결을 기다리겠다고 합니다. 롭은 업계의 괴물인 듀폰과 싸움을 계속해야 할까요?

2015년 오하이오주 콜롬버스법원에서 3,535개 청구에 대한 첫 재판이 시작되었습니다. 이후 법원은 듀폰에게 6억 7,070만 달러를 배상하라는 판결을 내렸습니다. 생활용품에 다양하게 쓰이는 PFOA는 지구의 살아있는 거의 모든 생명체와 인간의 혈액에 남아있습니다. 롭의 소송 후 전 세계적으로 PFOA를 금지하고 규제되지 않은 600여 개 이상의 화학 물질을 조사하자는 운동이 벌어졌습니다. 롭은 이 싸움을 20여 년 동안 했으며 지금도 싸우는 중입니다.

"국가가 우릴 보호해줄 것 같지만 거짓말이야. 우린 우리가 보호해야 해. 아무도 못해줘. 회사도 과학자도 아니고 정부도 아니야. 우리 스스로 해결해야 해"

롭의 이런 마음과 행동이 없었다면 지금 우리는 PFOA의 유해성을 모른 채 살아가고 있을 겁니다. 롭은 잘못된 일을 보고 직접 행동하고 참여했을 뿐 자신을 영웅이라고 생각하지 않습니다. 하지만 우리는 이렇게 잘못된 사실을 바로 잡기 위해 행동으로 옮기는 사람을 '영웅'이라고 부릅니다.

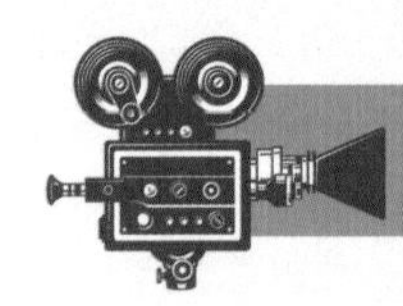

함께 보면 더 좋은 추천 영화

에린 브로코비치

감독: 스티븐 소더 | 2000년 | 15세 관람가

두 번의 이혼과 직장 해고, 교통사고를 겪은 에린은 소규모 법률 회사에서 일하고 있습니다. 우연히 전력 사업을 하는 대기업 PG&E의 공장에서 유출하는 크롬 성분이 수질을 오염시켜 힝클리 마을 사람들을 병들게 한다는 사실을 알고 대기업을 상대로 엄청난 소송을 시작합니다.

노 임팩트 맨

감독: 로라 가버트 | 2009년 | 전체 관람가

콜린은 1년간 가족과 함께 TV 안 보기, 쇼핑 안 하기, 대중교통 이용하기 등 환경 프로젝트를 시작합니다. 로컬 농산물만 사 먹고 전기 사용 안 하기 등 이산화탄소를 줄이기 위해 모든 것을 간소화하지요. 하지만 아내와 딸은 이를 힘겨워합니다. 지구를 위해 우리가 실천할 수 있는 것에 대해 생각해봅니다.

불편한 진실

감독: 데이비스 구겐하임 | 2006년 | 전체 관람가

미국의 전 부통령이자 환경 운동가인 앨 고어는 기상 이변으로 인한 심각한 환경 위기를 전 인류에 알립니다. 빠른 속도로 녹고 있는 북극의 빙하, 그로 인한 해수면의 상승, 초강력 허리케인, 대홍수, 극심한 가뭄 등 기후 변화의 실상을 보여줍니다. 그리고 이것을 막으려면 우리가 실천하고 행동해야 한다고 전합니다.

영화 감상 후 함께하는 토론 논술 활동

1

난이도 ★★★★ 중등 사회

200여 년 역사를 지닌 듀폰의 기업 이념은 안전, 보건, 환경 보호, 윤리 준수 그리고 인간 존중입니다. 영화를 보고 듀폰이 기업 이념과 상반된 행동을 한 부분을 찾아 이야기해봅시다.

2

난이도 ★★★ 중등 도덕

PFOA 물질이 발견되기 전은 물론 그 후에도 테넌트 마을 사람들이 듀폰을 옹호한 이유에 대해 자유롭게 이야기해봅시다.

PFOA는 장쇄탄화플루오르탄소로 인조 합성물이며 C8로 이름을 바꿔 사용합니다. 탄소로 연결된 탄소 원자에 불소가 첨가된 것입니다. 탄소 원자 여덟 개를 체인처럼 연결한 것이 C8이며 생화학적으로 깨지지 않아 산업용으로 쓰이고 3M에서 개발했지만 지금은 쓰이지 않습니다. 2차 세계 대전 때 비밀리에 만들어진 PFOA는 탱크의 방수 코팅제로 쓰였습니다. 화학자들은 절대 깨지지 않을 만큼 단단한 이 물질을 전쟁터에서만 쓰지 말고 미국 가정에서도 활용해보기로 합니다. 그리고 이름을 C8로 바꾸어 불침투코팅제로 개발합니다. 그리고 탱크가 아닌 프라이팬용 코팅제로 변신시켜 '테프론'이라고 명명합니다.

3

난이도 ★★★ 중등 과학

'화학 포비아'라고 들어보셨나요? 우리가 쓰는 생활용품에는 많은 화학 물질이 포함되어있습니다. 우리 주변에 있는 물건에 어떤 유해 성분이 있는지 찾아보고 발표해봅시다.

각종 생활용품에서 유해 화학 물질이 발견되면서 소비자들 사이에 불안감이 확산되었는데 이를 일컫는 신조어가 '화학 포비아'입니다. 화학과 공포증(phobia)의 합성어입니다.

4

난이도 ★★★ 중등 국어

우리나라의 가습기 살균제 사건과 듀폰의 PFOA 은폐 사건의 공통점과 차이점을 찾아보고 논술해봅시다. (예를 들어 동물 실험으로 인과성을 은폐하려고 한 사실이나 정부의 규제에서 벗어난 점을 악용한 사실 등)

5

난이도 ★★★ 중등 도덕

대기업을 상대로 한 외로운 싸움을 혼자 20년 동안 한 롭이 가장 중요하게 생각한 삶의 가치는 무엇이었는지 논술해봅시다.

점점 고갈되는 지하수

〈브레이브 블루 월드: 물의 위기를 해결하라〉

팀 니브즈 감독 | 2020년 제작 | 전체 관람가

물은 영원히 쓸 수 있다고 생각합니다. 하지만 지구의 인구 약 77억 명 중 20억 명은 깨끗한 식수가 없어 고통받고 있죠. 미국의 매직워터 창립자 베스 코이지의 말을 빌리자면 유엔은 2025년 무렵이면 18억 명이 물 부족 지역에 거주할 거라고 예상했습니다. 그러나 사람들은 이 문제를 심각하게 받아들이지 않습니다.

5개 대륙에서 촬영된 〈브레이브 블루 월드: 물의 위기를 해결하라〉는 물의 위기에 대응하는 전 세계 전문가들의 혁신적인 방법을 소개하고 있습니다. 이 영화 제작에는 브레이브블루월드재단 및 재단 파트너인 물환경연맹, 수에즈워터테크놀로지스앤솔루션, 로레알 등 물의 위기를 극복하기 위해 고심하고 그 해결책을 찾아 실행하는 단체와 회사가 참여했습니다.

물은 비슷한 대체재가 없습니다

영화 제작자이자 워터닷오알지 공동 설립자인 맷 데이먼은 말합니다.

“내일 암을 치료할 수 있는데 백 년 후에도 수백만 명의 아이들이 암으로 죽어간다면 말도 안 되는 일이죠. 하지만 그것이 물과 관련된 우리의 상황입니다.”

물은 소중한 자원입니다. 인류 역사에서 문명이 발달한 네 지역◆ 모두 강을 중심으로 성립되었죠.

〈브레이브 블루 월드: 물의 위기를 해결하라〉에서 워터비저너리의 켄 스테드먼은 물의 위기로 사람들이 당장 굶어 죽지는 않을 거라고 말합니다. 다만 자원이 고갈되면 이동할 거라고 하죠. 물의 위기는 단순히 개발도상국들의 문제가 아닙니다. 이미 모든 사람에게 영향을 주기 시작했습니다. 풀 한 포기 볼 수 없

◆ 티그리스 유프라테스강 유역에서 전개된 메소포타미아 문명, 나일강 유역의 이집트 문명, 황허강 유역의 황허 문명, 인더스 갠지스강 유역의 인더스 문명을 말합니다.

는 사막화된 땅, 공장에서 내뿜는 연기, 지대◆를 만든 해양 쓰레기 등 우리 지구는 썩고 있습니다. 그래서일까요? 물을 찾는 사람들은 점점 늘어나고 기반 시설은 수리 속도를 따르지 못해 무너지고 있습니다.

〈브레이브 블루 월드: 물의 위기를 해결하라〉는 이런 심각한 위기를 돌파할 해결책을 찾아 나섭니다. 자일럼◆◆ 대표 패트릭 데커는 물 위기로 인해 발생되는 문제를 다음과 같이 제시합니다.

"세계가 직면한 물 문제는 세 가지 항목으로 귀결됩니다. 첫째는 물 부족이고, 둘째는 기후 변화에 대처하는 복원력 있는 기반 시설 짓기, 셋째는 그 모든 걸 사회가 감당할 수 있는 선에서 하는 거죠."

그렇다면 물 부족의 원인은 무엇일까요? 나사 아메스 연구센터 마이클 플린은 이렇게 설명합니다.

"20세기로 넘어올 무렵 사람들은 하수를 직접 처리했습니다. 사용할 물도 우물을 파거나 개울물을 길러 알아서 마련했죠. 재래식 변소나 집 뒤의 오수지를 이용하기도 했고요. 그런 방법에는 공중 보건 문제가 잇따라 사람들이 병에 걸렸습니다. 그래서 전 세계의 정부가 개입했죠. 그것을 그들은 공동체의 안전과 안

◆ 어떤 공통적인 특성으로 묶이는 일정한 구역을 말합니다.

◆◆ 물과 폐수 응용 분야에 쓰이는 엔지니어링 제품, 솔루션, 서비스를 제공하는 워터 테크 기업입니다. 자일럼의 티커 심벌은 XYL이고, 뉴욕 증권거래소에 상장되어있습니다.

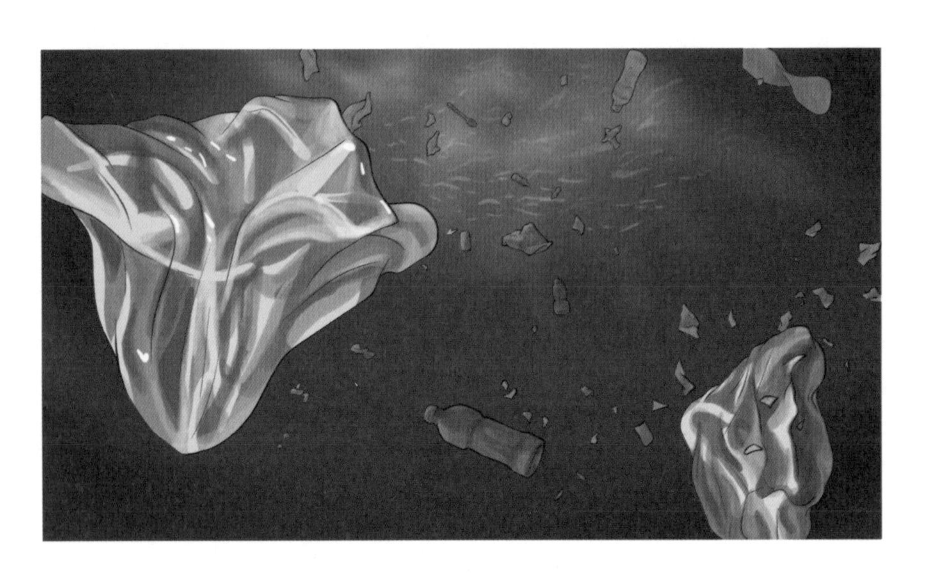

녕을 위해 제공해줘야 할 자신들의 본질적인 기능이라고 했죠. 돈은 문제가 되지 않았습니다. 엄청난 비용을 들여 수도 시스템을 만들어 모든 집에 파이프를 놓았죠. 집마다 급수관과 하수관이 설치되었습니다. 낡은 것들을 전부 교체하는 고도로 복잡하며 엄청난 비용이 드는 시스템입니다. 하지만 안전한 환경을 제공해주었지요. 그와 관련된 공중 보건 문제들도 해결되었고요."

하지만 이런 해결책이 오히려 문제를 발생시켰습니다. 노후한 기반 시설에 많은 물이 유입됨에 따라 새로운 물 관리 방식이 필요해진 겁니다. 즉 마이클 플린이 제시한 기후 변화에 대처하는 복원력 있는 지속 가능한 기반 시설 짓기에 직면한 겁니다.

물 위기를 극복하기 위해 발 벗고 나선 혁명가들

미시간주 플린트에서 납에 오염된 식수가 나오는 충격적인 사건이 발생했습니다. 이 위기에 사람들의 시선이 집중되었죠. 배우이자 래퍼인 제이든 스미스도 물을 사용하지 못하는 이웃을 보고 가슴이 무척 아파했습니다. 그래서 플린트에 '워터박스'를 세웠습니다. 이 장치는 60초마다 물을 정화해 약 40리터의 물을 내보냅니다. 납을 걸러내게 고안했고 현장에서 매일 수질 테스트도 진행했죠. 이 기계는 주민들에게 큰 도움이 되었습니다.

케냐의 티카에 사는 베스 코이지도 동네 우물이 마르자 이를 해결하기 위한 방법을 찾습니다. 수인성 질병에 지쳤던 그는 박테리아를 죽이는 자신만의 물 여과 장치를 기숙사에서 만들었고 그것을 가지고 다니며 집에서 간단히 여과기 만드는 방법을 사람들에게 알려주었죠. 케냐에서는 여과 장치가 싼 물건이 아니었기 때문입니다.

하지만 2016년 케냐에서 발생한 심각한 가뭄은 이 여과 장치로는 해결할 수 없었습니다. 거를 수 있는 물 자체가 충분하지 않았기 때문입니다. 강물을 길어 물을 구해도 화학 오염 물질이 많아 마실 수 없었습니다. 그래서 그는 공기 중의 수분을 이용하는 방법으로 눈을 돌렸습니다. 전 세계 강물을 모두 모은 양보다 대기 중 수분이 여섯 배는 많으니까요.

그는 일교차가 큰 사막에 사는 나미비아 딱정벌레에서 답을 찾았습니다. 대기 중의 수분을 섭취하는 곤충이거든요. 나미비아 딱정벌레는 해 뜨기 전 모래 밖으로 나와 경사면에서 얼굴을 아래로 향한 채 엎드립니다. 등에 이슬이 맺히면 이슬이 증발하기 전에 목덜미 쪽으로 구르게 해서 받아먹죠. 베스 코이지는 나미비아 딱정벌레를 보고 깨끗한 물을 추출하는 기계를 고안했고 그 이름을 '매직'이라고 지었습니다. 다른 혁신가들도 물 문제를 해결할 아이디어를 자연에서 찾고 있습니다. 이렇게 자연을 모방하는 것을 '바이오미미크리'◆라고 하죠.

맷 데이먼은 아프리카 잠비아 사람들이 가정에 수도 시설을 갖출 수 있도록 필요한 돈을 대출해주는 재단을 설립해 활동하고 있습니다. 매월 60달러 정도의 식수를 주문해 마시던 사람들이 맷 데이먼이 지원한 프로그램을 통해 상수원을 얻게 되고 매월 성실히 5~6달러씩 대출금을 갚고 있습니다. 이 재단에서 자금을 대출받아 수도 시설을 설치한 가정의 대출 상환율은 99%라고 합니다.

빌앤드멀린다게이츠재단◆◆에 따르면 열악한 위생 탓에 사망하는 5세 이하 어린이가 매일 1,200명이 넘는다고 합니다. 이는 에이즈, 홍역, 결핵으로 사망하는 인구보다 많습니다.

◆ 생물 및 자연의 형태나 기능을 모방하고 과학 기술에 접목해 인간이 사용하는 도구의 기능을 향상시키는 방법을 말합니다.

◆◆ 전 마이크로소프트 회장 빌 게이츠와 그의 아내 멀린다가 설립한 자선 재단입니다.

케냐 나이바샤에 사는 딕슨 오치엥 오티에노는 형제자매와 사촌들이 어떻게 하면 위생 문제로 힘들어하지 않고 살 수 있을까를 매일 생각했다고 합니다. 그의 회사 새니베이션은 가정용 박스 형태의 화장실을 아프리카 가정에 공급하는 사회적 기업입니다. 이 회사는 각 가정에 변기를 제공하고 주 1회 배설물을 수거합니다. 모인 배설물은 중앙 처리 시설로 옮겨져 친환경 연료로 개발됩니다. 태양열로 배설물을 살균 처리한 후 그것을 연료로 재생산하는 겁니다. 이 연료는 케냐 가정에서 일반적으로 사용하는 숯보다 열효율이 세 배나 높습니다. 연료를 태울 때마다 나무 88그루를 살린다고 합니다. 이로써 마을의 위생 상태를 획기적으로 개선할 수 있었습니다.

미국 시카고에는 지구에서 가장 큰 정수 시설이 있습니다. 오염수에는 '인P'이 들어있습니다. 인이 많이 함유된 물은 수중 생태계 성장을 촉진해 물의 부영양화를 가져옵니다. 물이 부영양화되면 물속에 건더기가 생기고 이것이 하수관에 엉겨 붙으면 하수관이 막힙니다. 그러면 강력 소독제로 청소해야 하지요.

그런데 막힌 하수구를 뚫고자 소독제로 청소하면 인까지 없어집니다. 인은 DNA의 핵심 요소로 모든 생물에 필수적이지만 빠르게 사라지는 유한한 자원입니다. 각 세포의 핵에서 발견되는 유전자는 인을 포함하고 있으며 특히 인산칼슘은 치아와 뼈를 형성하는 주요 성분이기도 하지요. 이런 인이 강력 소독제 청소로 없어지는 현실이 안타까웠던 과학자들은 인을 재활용하는 방법을 고안해냈습니다. 오염수에 들어있는 인을 채굴해 상업용 비료로 재사용하는 시설을 만든 겁니다.

스페인 안달루시아에 사는 프랭크 로가야 왁왈리아는 한 걸음 더 나아갔습니다. 지구에서 가장 오래된 유기체인 조류◆가 만들어내는 산소의 양은 엄청납니다. 그는 조류에서 얻은 산소를 폐수 정화에 사용했습니다. 깨끗한 물은 사용하고 조류는 채취되어 바이오연료로 쓰이는 겁니다. 그는 물고기들을 가두리 양식하듯 웅덩이를 만들어 오염수를 먹이면서 조류를 양식했습니다. 조류가 부양하면 물에서 분리한 뒤 펌프로 소화조에 옮기죠. 그런 다음 가스 정제 단계를 거치면 바이오가스 혹은 메탄이 됩니다.

자연은 지구의 모든 물을 재활용합니다. 수십억 년 동안 물은 자연에 의해 재사용되고 재활용되어왔죠. 덴마크 과학자들은 자연의 재활용 절차를 모사하려고 노력했습니다. 그 결과 그들은 아쿠아포린 단백질을 발견했는데요. 이 단백질은 다른 물질들의 흐름을 조절하는 역할을 합니다(아쿠아포린 단백질은 우리가 개발한 것이 아니라 38억 년의 진화를 거치며 자연이 개발한 것입니다). 아쿠아포린 단백질 1g으로 1초에 수백 리터의 물을 걸러낼 수 있는 기술은 바닷물에서 담수를 추출하는 데도 사용할 수 있습니다. 바닷물의 염도를 낮추는 데는 많은 에너지가 필요한데 이 기술은 에

◆ 물속에서 생활하는 식물 분류군 중 하나로, 온대에서 북극에 이르기까지 물이 있는 곳이면 어디든 분포합니다. 크기 역시 3마이크로미터에서 62m에 이르기까지 광범위합니다. 영양 가치는 떨어지지만 중요한 섬유질을 함유한 식물 중 하나입니다.

너지를 줄일 수 있는 혁신적인 방법이기도 합니다.

화장품 회사 로레알은 제품 생산 시 만들어내는 오염수를 정수해 재사용할 방법을 연구했습니다. 그 결과 공장 안에 정수 장치를 설치해 물 소비량을 줄이고 줄일 수 없는 물은 재사용했죠. 폐수를 이용해 수돗물을 대체할 담수를 만드는 장치도 개발했습니다. 로레알이 제시하는 '드라이 팩토리' 개념은 산업 공정에 필요한 물 전체를 여과 시스템을 거쳐 100% 재활용하는 겁니다.

우리 모두 물 문제 해결에 나서야 할 때

그런데 정부나 기업만 물의 위기를 타개할 방법을 찾고 실행하면 될까요? 아닙니다. 각 가정에서도 물의 위기를 타개할 방법을 찾아낼 수 있습니다. 인도의 한 아파트 단지는 아파트 주민들의 의견을 모아 빗물 처리 시스템을 설치했습니다. 네덜란드의 신축 건물에는 정수 시설을 꼭 갖추어야 합니다.

이처럼 이제는 우리 모두 물 문제 해결에 나서야 할 때입니다. 물은 달리 대체할 게 없는 소중한 자원입니다. 인간이 물 없이 버틸 수 있는 기간은 3일이라고 합니다. 조건 없이 우리에게 많은 것을 내주는 자연에 대한 소중함을 깨달아야 합니다.

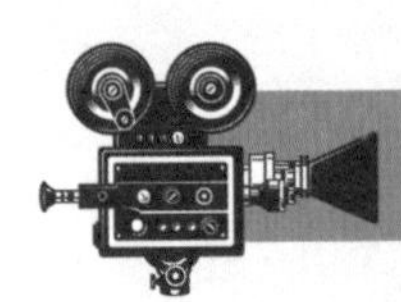

함께 보면 더 좋은 추천 영화

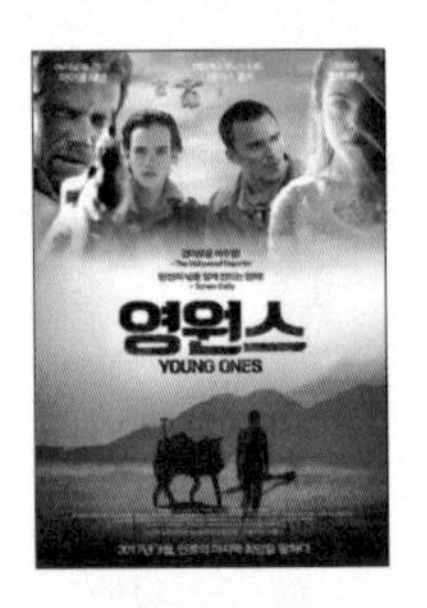

영원스

감독: 제이크 팰트로 | 2014년 | 15세 이상 관람가

지금으로부터 멀지 않은 미래, 심각한 물 부족을 겪는 어니스트 홈은 어렵게 농장을 일궈나가며 말라버린 땅에 물을 끌어오기 위해 방법을 찾습니다. 하지만 아무도 그를 도와주지 않죠. 물 부족이 일으킨 현실 앞에 인간성까지 메말라가는 참혹함을 목격할 수 있는 영화입니다.

더 라스트: 지구 최후의 날

감독: 톰 해먹 | 2014년 | 15세 이상 관람가

10년째 비가 한 방울도 오지 않은 오리건주에서 물은 돈보다 귀합니다. 그래서 악당들은 물을 독차지하기 위해 학살을 자행합니다. 생존자들은 학살자들을 응징하고 오리건주에서 탈출하기 위해 노력합니다. 생명을 유지하기 위해 꼭 필요한 물의 소중함을 절실히 깨닫게 되는 영화입니다.

더 웨이브

감독: 로아 우다우그 | 2015년 | 12세 이상 관람가

땅속 깊은 곳에서부터 수축 균열이 시작되면서 산사태와 함께 시속 600km의 속도로 거대 쓰나미가 북유럽을 덮칩니다. 생존 대피 시간은 단 10분! 10분 내에 해발 80m 이상의 높은 곳으로 대피하지 않으면 모두가 죽게 되는 상황. 우리는 어떤 대비를 할 수 있을지 고민하게 만드는 영화입니다.

영화 감상 후 함께하는 토론 논술 활동

1

난이도 ★★ 중등 사회

5개 대륙에서 촬영된 이 영화는 물의 위기에 대응하고 있는 전 세계 전문가들의 혁신적인 방법을 소개하고 있습니다. 어떤 이야기가 가장 기억에 남는지 이유와 함께 설명해봅시다.

2

난이도 ★★ 중등 사회

지구촌 곳곳이 기후 변화에 따른 자연재해로 몸살을 앓고 있는데요.◆ 2021년 6월에는 캐나다와 미국 일부 지역에 폭염이 이어져 수백 명이 숨졌습니다. 특히 캐나다는 6월 29일 사상 최고 기온인 섭씨 49.6도를 기록했지요. 기후 변화로 인류가 위협받고 있는 지금, 우리가 시급히 대비해야 할 것은 무엇이라고 생각하나요?

3

난이도 ★★★ 중등 사회

담수는 해수와 달리 염분이 적어 일상생활에서 사용할 수 있는 자연수입니다. 담수는 비와 눈이 오면 얻을 수 있습니다. 그런데 그 속에는 미세 먼지, 논밭의 화학 비료, 목장에 쌓인 가축의 분뇨, 거리에 굴러다니는 쓰레기, 자

◆ 〈한겨레〉 2021년 8월 10일 자 기사 참조

동차가 흘린 도로의 기름까지 세상의 모든 오염물이 담겨있고 그 물은 강으로 흘러 들어갑니다. 물의 오염을 최대한 줄일 수 있는 방법을 찾아봅시다.

4

난이도 ★★ 중등 국어

지구 표면의 75%, 인체의 70%, 혈액의 83%를 차지하며 우리의 몸과 지구를 순환하는 물. 하지만 이런 소중한 자원이 고갈되고 있습니다. 유엔 보고서에 따르면 2025년 무렵이 되면 18억 명이 물 부족 지역에 거주하게 됩니다. 유엔 사무총장 입장이 되어 전 세계에 물 부족 위기 상황을 알리는 글을 작성해봅시다.

5

난이도 ★★ 중등 국어

이 영화의 핵심 키워드나 문장 또는 토론 논술 활동을 통해 새롭게 깨달은 점을 해시태그를 이용해 작성해봅시다.

4부

전쟁의 고통

전쟁의 잔혹함, 그 뒤안길

〈인생은 아름다워(La Vita E Bella)〉

로베르토 베니니 감독 | 1997년 제작 | 전체 관람가

⚜⚜⚜

이탈리아의 유명한 코미디 배우인 로베르토 베니니가 감독, 각본, 주연을 맡은 영화 〈인생은 아름다워〉는 2차 세계 대전 당시 처참한 유대인 수용소 안에서 사랑하는 가족을 지켜낸 아버지 '귀도'의 이야기를 담고 있습니다.

〈인생은 아름다워〉는 1999년 제71회 아카데미 시상식에서 남우주연상, 음악상, 외국어영화상 그리고 제51회 칸영화제 심사위원 대상을 비롯해 전 세계 유수 영화제에서 62개 수상에 빛나는 작품입니다.

홀로코스트가 벌어진 아우슈비츠 수용소의 적나라한 모습을 생생하게 담아내어 전투 장면 없이도 전쟁의 참혹함을 여실히 보여주고 가족애에 대한 깊은 고찰도 선사했는데요. 잔혹한 아우슈비츠 한가운데 수용되었어도 세상에 대한 희망과 웃음을 잃지 않기를 바랐던 아버지의 마음, 즉 아들에게 '인생은 정말 아름다운 것'이라는 깨달음을 선물합니다.

안녕하세요? 공주님!

무솔리니 파시즘◆이 전국에 퍼져있던 당시 시골 청년 귀도는 숙부를 만나기 위해 도시로 왔습니다. 그리고 그곳에서 운명처럼 도라를 만나 첫눈에 반하죠. 귀도는 도라를 '공주님'이라고 부릅니다. 귀도와의 우연한 만남이 이어지자 도라도 그의 재치 있는 행동에 매력을 느낍니다.

귀도는 로마에서 서점을 차리려고 했지만 여건이 여의치 않아 숙부의 레스토랑에서 웨이터로 일합니다. 레스토랑 단골손님 레싱 박사는 퀴즈에 빠진 독일 의사인데 귀도에게 퀴즈 내는 걸 좋

◆ 1차 세계 대전 후 이탈리아의 무솔리니가 조직한 파시스트당을 중심으로 형성된 정치적 이념입니다. 파시즘의 가장 큰 특징은 개인은 국가가 명시한 국민의 통합된 뜻에 따르고, 국가를 상징하는 카리스마적인 지도자에게 완전히 복종하는 것입니다. 또한 군사적 가치관을 찬양하고 자유주의적 민주주의의 가치관은 낮게 평가합니다.

아합니다. 귀도는 바쁜 와중에도 레싱 박사의 퀴즈에 답을 찾아 말해주곤 했습니다.

그러던 어느 날, 레싱 박사는 귀도에게 마지막 퀴즈를 냅니다.

"당신이 나의 이름을 부르면 이미 나는 그곳에 없습니다. 난 누구인가요?"

귀도는 일하는 중에도 퀴즈의 답을 생각합니다.

"말을 하면 없어진다. 그건 침묵이네요."

답을 찾아냈지만 레싱 박사는 홀연히 레스토랑을 떠났습니다.

한편 도라는 부모에게 떠밀려 권력을 좇는 공무원과 결혼을 해야 하는 상황입니다. 하지만 그와 결혼하고 싶지 않습니다. 결혼 발표회에 가기 싫어 늑장을 부리죠. 그 발표회는 귀도가 일하는 레스토랑에서 열렸는데요. 도라의 결혼 발표회라는 사실을 알고 낙심한 귀도는 실수를 연발합니다. 그런 귀도를 발견한 도라. 그녀는 귀도에게 자신을 여기서 데리고 나가달라고 말합니다 귀도는 초록색으로 물들인 말을 타고 와 도라를 데리고 연회장 밖으로 나가지요. 그렇게 둘은 단란한 가정을 꾸미고 아들 조슈아가 태어납니다. 매일매일 행복한 날들이 이어집니다.

유대인과 개 출입 금지

유대인에 대한 사회적 차별은 나치스가 사회적 영향력을 펼치기 전부터 존재했습니다. 나치스는 권력을 장악한 후 체계적인 유대인 배제 시스템을 구축했지요. 귀도가 사는 도시도 나치즘◆의 영향으로 유대인에 대한 차별이 점점 더 심해졌습니다. 조슈아가 가게 창문에 적힌 글귀를 읽습니다.

유대인과 개 출입 금지

◆ 히틀러가 통솔했던 독일의 나치스가 주창한 정치 사상 및 지배 체제로 반민주주의, 반자유주의, 전체주의를 표방하고 아리아 인종의 우월성을 주장했습니다. 파시즘과 인종주의를 조합한 사상입니다.

히틀러는 게르만 민족의 우수성을 강조하면서 정당 창립 때부터 반유대주의를 내세웠습니다. '반사회주의, 반공산주의, 반유대주의'를 기치로 내걸고 지지자들을 모았죠. 이는 히틀러가 고리대금업 및 귀금속 사업에 종사하던 유대인의 재물을 몰수해 불황을 타개하고 국민의 불만을 유대인에게 쏠리게 하려는 목적이었습니다.

행복한 나날을 보내던 어느 날, 갑자기 들이닥친 독일군이 귀도와 아들 조슈아를 끌고 갑니다. 귀도가 유대계 이탈리아인이었기 때문입니다. 1935년 9월 뉘른베르크 법안◆이 공식 발효되면서 독일 내 유대인들은 공식적으로 시민권을 박탈당하고 사회적 병균으로 지정되었습니다. 유대인의 재산은 몰수되었고 히틀러는 독일을 '유대인 없는 나라'로 만들자는 국가적 이상을 실현하기 위해 다양한 방법을 시행했습니다. 귀도가 사는 이탈리아도 예외는 아니었습니다.

수용소로 끌려가는 트럭 안에서 귀도는 조슈아를 안심시키려고 소풍 가는 거라고 둘러댑니다. 기차로 갈아탈 때도 조슈아가 눈치 채지 못하게 나치 친위대에게 일부러 큰소리로 말하죠. 귀도는 아들을 안심시키고 싶었던 겁니다.

◆ 1935년 히틀러가 직접 명령해 제정한 여러 인종차별법을 통틀어 일컫는 말입니다. 첫 번째는 '독일인의 명예와 혈통보존법'으로 독일인과 비(非)아리안인 간에 결혼을 금지하고 이미 한 결혼을 무효화하며 만남과 친분도 금지한다는 내용입니다. 두 번째는 비아리안인의 시민권을 박탈하는 내용의 '제국시민법'이 제정되었습니다.

"우리가 왔어요! 예약했어요!"

한편 도라는 유대인이 아니었지만 주위의 만류를 뿌리치고 귀도와 조슈아가 탄 기차에 올라탑니다. 그들을 태운 기차는 어딘지 짐작조차 할 수 없는 곳을 향해 달려갑니다.

기차가 도착한 곳은 수용소였습니다. 그곳은 남녀가 엄격하게 분리된 터라 귀도와 도라는 눈만 잠깐 마주치고는 한 마디도 못한 채 헤어집니다.

수용소 시설은 참혹했습니다. 귀도는 어린 아들이 두려워하지 않도록 아우슈비츠의 생활을 '게임'이라고 둘러댑니다.

"무슨 게임이야?"

비좁고 허름한 수용소 막사 안에서 조슈아가 천진난만한 얼굴로 귀도에게 묻습니다.

"맞아, 이건 게임인데 1등 상품은 탱크란다."

"진짜 탱크?"

"1,000점을 먼저 따는 사람이 탱크를 타는 거야."

귀도는 그렇게 조슈아를 안심시키고 평소 탱크를 좋아하던 조슈아는 기쁨에 들뜨죠.

이때 수용소의 지침을 알리기 위해 나치 친위대가 막사로 들어옵니다. 그들이 독일어를 통역할 수 있는 사람이 있는지 찾자 귀도가 손을 번쩍 듭니다. 아들을 위해 앞으로 나가 알아듣지도 못하는 독일어를 통역합니다. 아들을 위해서라면 겁날 게 없습니다.

"우리는 소리치는 나쁜 사람 역할을 맡았다. 겁을 내는 사람은 점수를 깎겠다."

귀도의 통역을 막사 안에 있는 유대인들은 좀체 알아들을 수 없습니다. 무슨 말인지 몰라 머리를 갸우뚱합니다.

"어제 나는 잼 샌드위치를 달라고 했다가 40점이 깎였다. 그런데 복숭아잼이었다. 딸기잼을 달랬는데."

그래도 귀도는 천연덕스럽게 자신이 하고 싶은 말을 이어갑니다. 오롯이 아들을 위해서였죠. 아빠의 설명을 들은 조슈아의 얼굴빛이 점점 밝아집니다.

사람들이 애들은 샤워해야 한대

수용소의 일은 지옥 같았습니다. 그 당시 수용소 안에서는 '노동을 통한 절멸'이라는 정책이 실행되고 있었지요. 수용소 사람들의 평균 수명은 3개월이었습니다. 수용소의 일을 감당하지 못한 낙오자는 총살을 당했죠.

중노동에 지친 귀도가 밤늦게 막사로 돌아옵니다. 막사 안에 온종일 숨어있던 조슈아가 귀도에게 달려와 묻습니다.

"오늘은 몇 점 땄어?"

"50점. 먹어라."

귀도가 조슈아에게 빵을 건네며 활짝 웃습니다. 온종일 굶은 채 중노동을 버티며 숨겨온 빵입니다.

"사람들이 애들은 샤워해야 한대. 난 하기 싫어."

막사에 숨어있어야 할 조슈아가 귀도가 일하는 곳에 몰래 와 눈을 동그랗게 뜨고 말합니다.

"저기 숨어있어. 일 끝나면 같이 가자."

그는 수용소 안에서 어떤 일이 벌어지고 있는지 정확히 알지 못했습니다. 일을 못하는 아이와 노인 대부분 샤워한다는 명분으로 가스실로 끌려가 살해되었고 젊고 건강한 자들만 강제 노동 현장으로 보내졌지요. 다행히 조슈아는 운이 좋아 살아남았습니다. 하지만 귀도의 숙부는 샤워실로 끌려갔습니다.

죽은 자들이 벗어놓은 수북한 옷가지들을 살펴보며 걱정하는 도라. 한편 귀도는 방송실을 발견하고는 자신과 아들이 살아있다는 사실을 도라에게 알려주기 위해 용기를 냅니다. 몰래 들어간 방송실. 귀도가 확성기에 대고 말합니다.

"안녕하세요? 공주님! 어제 밤새도록 그대 꿈을 꾸었다오."

귀도의 목소리가 수용소 사방에 울려 퍼집니다. 귀도 옆에 있던 조슈아도 말합니다.

"엄마! 아빠가 손수레에 태워줬는데 운전을 잘하지 못해!"

그리고 이어진 교향곡. 음악이 나오는 곳을 바라보는 도라의 눈에 감격의 눈물이 차오릅니다. 사랑하는 사람의 목소리가 삭막한 수용소 구석구석에 퍼집니다.

우릴 단추나 비누로 만든대요

"어떤 아저씨가 울면서 우릴 단추나 비누로 만든댔어."

"널 놀리는 거야. 그걸 믿다니!"

고된 노동으로 온몸이 땀에 절은 귀도가 어이없다는 듯 말합니다.

"그만하고 집에 갈래."

일을 마치고 막사로 돌아온 귀도는 조슈아의 말에 당황합니다. 하지만 이내 재치를 발휘하죠.

"여기가 싫대. 탱크도 다 만들었는데."

귀도가 짐을 꾸리며 눈이 휑한 동료들에게 말합니다. 귀도는 조슈아의 손을 잡고 막사 밖을 나가기 위해 문을 엽니다. 수용소 밖을 나갈 수 없다는 걸 알면서도 말입니다. 아들 조슈아가 참혹한 이 모든 상황을 그저 게임의 일부라고 생각하기를 바랐기 때문입니다.

밖에는 세찬 비가 내리고 있습니다. 조슈아가 망설입니다.

"비가 오잖아. 감기 걸리면 어떡해."

탱크가 다 만들어졌다는 말이 기대감을 갖게 했을까요? 조슈아가 다시 막사 안으로 들어갑니다.

버거운 수용소 생활이 이어지는 가운데 귀도는 행운처럼 퀴즈 내기를 즐겼다가 홀연히 사라진 레싱 박사를 만나게 됩니다. 그는 귀도에게 독일 장군이 이용하는 레스토랑에서 일할 기회를 줍니다. 일을 하던 귀도는 독일군의 자녀가 놀고 있는 것을 보고 수용소에 숨어있는 아들 조슈아를 불러냅니다. 다른 아이들이 숨바꼭질하고 있다며 독일군 아이들이 숨어있는 곳을 직접 보여줍니다. 또래의 아이들을 본 조슈아는 무척 기뻐합니다.

"진짜 있어."

하지만 조슈아가 독일군의 자녀라고 생각한 여군이 조슈아를 응접실로 데려갑니다. 테이블에 차려진 음식을 본 조슈아가 그만 이탈리아어로 "감사합니다."라고 말하죠. 위험한 상황, 귀도는 아이들 모두에게 이탈리아어를 가르치는 기지를 발휘합니다.

숨 막히는 하루를 보내고 귀도는 잠든 조슈아를 품에 안고 막사로 돌아갑니다. 그런데 그만 길을 잘못 들었습니다. 그리고 그곳에서 수북이 쌓인 시체 더미를 보게 됩니다.

우린 꿈을 꾸는 거야. 내일 아침에 엄마가 깨우러 올 거야

드디어 전쟁이 끝났습니다. 패전한 독일군은 수용소 운영 증거를 없애려고 합니다. 어수선한 수용소. 귀도는 조슈아의 손을 잡고 더 늦기 전에 도라를 찾아 나섭니다.

"940점이야. 거기다 60점을 더하면?"

"1,000점!"

"1등이야. 이기는 거야."

수용소에서 유대인 어린이가 발견되면 안 되는 상황. 귀도는 조슈아를 철제함에 숨기고 도라를 찾아 나섭니다. 조슈아가 추울까 봐 담요까지 덮어주었죠. 하지만 여자 숙소에서 도라를 찾기란 쉽지 않았습니다. 여장을 하기 위해 담요가 필요했던 귀도는 다시 조슈아에게 돌아옵니다.

"절대 나오면 안 된다. 완전히 조용해지고 내가 아무리 늦어도."

다시 한 번 더 당부하면서 조슈아의 이마에 입을 맞춥니다.

"잘 있어라."

독일군은 어둠 속에서 수용소의 실태를 숨기기 위해 유대인을 트럭에 태워 밖으로 빼돌립니다. 어수선한 하긴 했지만그 어디에도 도라의 모습은 보이지 않습니다. 그러다 그만 독일군에 발각됩니다.

끌려가는 귀도는 철제함에서 자신을 바라보고 있을 조슈아를 생각합니다. 그래서 이내 싱긋 웃으며 한쪽 눈을 찡끗합니다. 우스꽝스럽게 걸어갑니다. 아들에게 아직도 게임 중이라고 알려주듯 말입니다. 죽음의 순간에도 귀도는 아들 조슈아의 마음을 먼저 헤아립니다.

철제함에 숨어있던 조슈아도 웃으며 아빠에게 윙크합니다. 독일군은 귀도를 벽 뒤로 끌고 갑니다. 이내 총소리가 이어집니다.

다음 날, 나치 친위대가 떠나고 살아남은 유대인들도 떠나자 조슈아가 철제함 밖으로 나옵니다. 이때 조슈아 앞에 아빠가 말한 진짜 탱크가 나타나죠. 바로 연합군이 모는 탱크였습니다.

"진짜였어!"

탱크를 보고 입을 다물지 못하는 조슈아. 연합군이 조슈아를 탱크에 태웁니다. 조슈아는 게임에서 이긴 선물이라고 생각하죠. 탱크를 타고 연합군과 함께 행진하던 조슈아는 거리에서 엄마를 만납니다.

귀도는 자신의 몸도 제대로 가누기 힘든 수용소 안에서도 아들 조슈아의 동심을 지켜주었습니다. 세상은 아름다운 거라고 알려주었지요. 조슈아는 분명 허투루 삶을 살 수 없었을 겁니다. 아버지를 빼앗아간 세상을 미워할 수도 없었을 겁니다. 비참함 속에서도 웃음을 잃지 않도록 끝까지 아버지가 자신을 지켜줬으니까요. 세상은 그래도 아름답다고 알려주었으니까요.

2차 세계 대전 중 아우슈비츠 수용소에서만 학살된 희생자는 110만~150만 명, 그중 90%가 유대인입니다. 아우슈비츠 이외의 수용소에서 희생된 사람은 600만 명이 넘습니다. 그중에는 다양한 국적의 정치범과 전쟁 포로, 집시, 동성애자 그 외 나치가 '반사회적 인물'이라고 낙인 찍은 사람들이 포함되어있습니다. 전쟁이 끝나고 수용소에서 살아남은 사람들은 퇴각하는 독일군에 의해 연행되어 대부분 '죽음의 행진◆' 중에 목숨을 잃었습니다. 어떤 이유에서도 전쟁은 절대로 일어나면 안 됩니다.

◆ 1944~1945년 겨울 나치 독일에 의해 행해진 유대인 강제 이동에 대해 후년의 역사가가 붙인 이름입니다. 수용소 파기에 따라 몇 천 명의 죄수가 다른 수용소나 독일 영내로 이동당했습니다.

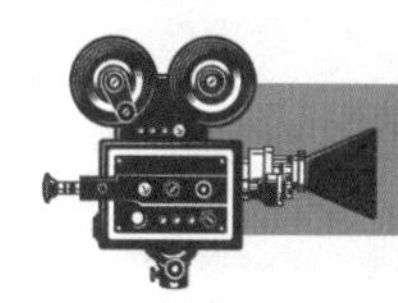

함께 보면 더 좋은 추천 영화

쉰들러 리스트

감독: 스티븐 스필버그 | 1993년 | 15세 이상 관람가

실화를 바탕으로 한 이 영화는 제66회 아카데미 작품상 수상작입니다. 스필버그 감독은 유대인 대학살을 공론화하는 데 기여한 공로로 1998년 9월 10일 독일 대통령으로부터 민간인에게 수여되는 십자훈장을 받았습니다. 1939년 독일에게 점령당한 폴란드의 한 도시에서 독일인 사업가 오스카 쉰들러는 강제 노동 수용소에서 유태인들을 구해냅니다.

줄무늬 파자마를 입은 소년

감독: 마크 허먼 | 2008년 | 12세 이상 관람가

2006년 영국에서 출간되어 큰 화제를 일으켰던 존 보인이 쓴 동명의 소설을 바탕으로 한 영화입니다. 나치 독일 장교 아들과 아우슈비츠 수용소에 감금된 유대인 소년의 우정을 그린 이 영화는 원작을 매우 충실하게 그려낸 작품으로 평가됩니다.

덩케르크

감독: 크리스토퍼 놀란 | 2017년 | 12세 이상 관람가

일반적인 전쟁 영화와 달리 전투 장면이 거의 없이 탈출과 생존에 초점이 맞춰져 있는 작품입니다. 영화의 배경인 덩케르크 철수 작전은 1940년 5월 26일부터 6월 4일까지 2차 세계 대전 초기에 행해진 작전으로 뎅케르크 전투에서 벨기에군과 영국원정군, 프랑스군 등 총 30만여 명 이상의 병사를 구출할 목적으로 실행된 대규모 철수 작전입니다.

영화 감상 후 함께하는 토론 논술 활동

1

난이도 ★★ 중등 국어

귀도는 비좁고 더러운 수용소 막사에서 불안에 떠는 아들 조슈아에게 이 상황은 게임이며 1,000점을 얻으면 탱크를 탈 수 있다는 말로 안심시킵니다. 여러분이 귀도였다면 이 상황에서 어떻게 했을 것 같나요?

2

난이도 ★★ 중등 국어

나치즘의 성행으로 유대인에 대한 적개심이 강했던 시기 도라는 주위의 만류를 뿌리치고 유대인인 남편과 아들이 탄 기차에 오릅니다. 만약 여러분이 도라였다면 이 상황에서 어떤 선택을 했을 것 같나요?

3

난이도 ★★ 중등 국어

아내 도라를 찾던 중 발각되어 독일군에게 끌려가는 순간 귀도는 철제함에 숨어있는 아들 조슈아를 바라보며 무슨 생각을 했을까요? 귀도의 입장이라고 상상하며 이야기를 나눠보세요.

4

난이도 ★★ 중등 국어

조슈아는 수용소의 생활은 게임이었고, 그 게임에서 1,000점을 얻어 탱크를 선물 받았다고 생각했습니다. 훗날 진실을 알게 된 조슈아는 어떤 생각을 했을까요?

5

난이도 ★★★★ 중등 사회

1970년 서독의 총리였던 빌리 브란트는 폴란드를 방문해 유대인 희생자 위령탑 앞에 무릎을 꿇고 참회했습니다. 그 뒤 독일의 정치 지도자가 전쟁 범죄에 반성의 뜻을 나타내는 것은 관례가 되었지요. 2012년 폴란드에서 유럽 축구 선수권 대회가 열렸을 때 독일 축구 대표 팀이 아우슈비츠 수용소를 방문해 2차 세계 대전 때 나치에 의해 학살된 사람들을 추도했습니다. 하지만 아직까지도 일본은 야스쿠니 신사◆ 참배를 강행하면서 진심으로 반성하는 뜻을 보이지 않고 있습니다. 우리나라와 일본이 화해와 협력의 길로 나아갈 수 있는 방안을 논술해보세요.

◆ 근대 일본이 일으킨 전쟁에서 숨진 사람들의 넋을 기리는 시설입니다. 이곳을 참배한다는 의미는 침략 전쟁을 일으킨 범죄자들을 애국자로 떠받드는 행위이며 과거의 침략 전쟁과 식민지 지배를 정당화하려는 뜻을 담고 있습니다.

전쟁이 남긴 가장 잔혹한 파괴

〈더 서치(THE SEARCH)〉

미셸 하자나비시우스 감독 | 2014년 제작 | 15세 관람가

⚜ ⚜ ⚜

전쟁은 모든 것을 파괴합니다. 삶의 터전을 파괴하고 오랜 시간 공들여 쌓아놓은 인류의 소중한 문화유산도 순식간에 날려버립니다. 살아 숨 쉬던 생명은 죽음의 구덩이로 내던져지고 간신히 살아남는다고 해도 그 삶은 철저히 파괴된 채 방치됩니다. 살아있으나 이미 죽음을 맛본 이들은 견디기 힘든 고통을 떠안고 살아가야 합니다.

그러나 우리 대부분은 이 무지막지한 전쟁에 관해 알지도 못하며 관심을 가지지도 않고 살아가고 있습니다. 아직도 세계 곳곳에 수많은 이유로 전쟁이 벌어지고 있고 그 전쟁을 정당화하는 온갖 핑계가 난무한데도 말이지요. 인류가 스스로에게 저지르는 수많은 파렴치한 일 중 최악이라고 할 수 있는 '전쟁'을 어떤 이유로 정당화할 수 있을까요? 종교, 이념, 사상, 그 어떤 것도 생명의 존엄을 파괴할 만큼 소중한 것이 될 수는 없습니다.

〈더 서치〉는 1994년 이후 계속되어온 체첸공화국과 러시아 사이에 벌어진 전쟁과 폭력 사태를 이야기합니다. 1996년 18개월간의 전쟁으로 수만 명이 사망한 후 러시아군은 체첸에서 철수했지만 3년 후 다시 전쟁을 일으킵니다. 러시아는 모스크바에서 일어난 테러가 체첸 분리주의자들의 소행이라고 주장하며 대테러 작전이라는 이름으로 대규모 공격을 시작합니다. 영화는 켜지지 않는 낡은 비디오카메라의 검은 화면으로 시작합니다. 암흑 같은 화면 위로 '16 | 10 | 99'라는 글자만 깜박입니다. 영화가 체첸 비극의 날로 들어감을 알리는 장치입니다.

두 개의 시선, 아이 그리고 러시아 병사

〈더 서치〉는 처음부터 끝까지 두 사람의 삶에 주목합니다. 하나의 시선은 전쟁으로 부모를 잃은 체첸의 한 아이를 바라봅니다. 또 하나의 시선은 전쟁의 도구로 전락해버린 한 청년을 주목합니다. 겉으로 보기에 이 둘은 매우 다른 처지에 놓여있습니다.

한쪽은 무참히 밟히는 쪽, 다른 한쪽은 잔인하게 짓밟는 쪽이니까요. 하지만 영화는 아이의 슬픔이나 병사의 잔인함보다 이 둘 모두가 경험했을 끔찍한 상황에 주목합니다. 전쟁 한가운데에서 그 누구도 파괴당하지 않고 살아남을 자는 없다고 말합니다.

체첸의 어느 마을에 입성한 러시아군은 테러 분자를 색출한다는 명목하에 무고한 시민을 마구 학살합니다. 아이는 러시아군이 자기 부모를 살해하는 장면을 집 안에서 고스란히 목격합니다. 러시아군은 낄낄거리며 이 장면을 비디오카메라로 찍지요.

널브러진 시체에서 건져온 이 카메라에는 이제 폐허가 된 체첸의 마을과 전쟁의 참혹함이 담겨있습니다. 아이의 부모와 누나는 무고함을 항변하지만 병사들은 시끄럽다면서 아이의 부모를 쏴버립니다. 아이는 집 안에서 숨을 죽인 채 커튼 뒤에 숨어 부모가 죽는 모습을 바라보고, 부모님과 함께 있던 누나는 병사들에게 끌려갑니다.

집 쪽에서 아이의 비명 소리가 나자 한 병사가 집 안을 수색하러 들어옵니다. 부모가 살해당하는 장면을 목격한 어린 소년은 공포에 질려 울음조차 터트릴 수 없습니다. 갓난아기인 동생을 의자에 눕힌 채 자신은 가구 사이로 깊숙이 몸을 숨깁니다. 그리고 살아남습니다.

살아남은 아이의 이름은 '하지'입니다. 아홉 살 소년이지요. 소년은 러시아군이 떠난 후 그들이 다시 들이닥칠지도 모른다는 공포에 사로잡혀 홀로 동생을 안고 집을 떠납니다. 하지는 밀려

드는 탱크와 군인들을 피해 숨기도 하고 잰걸음으로 정처 없이 걷습니다. 그러다 자신의 힘으로는 도저히 어린 동생을 감당할 수 없다고 느끼고는 어느 집 앞에 동생을 내려놓고 문을 두드리고 숨습니다. 집주인이 동생을 안고 들어가는 모습을 숨어서 지켜본 하지는 넋이 나간 듯 그 집을 떠나 길거리에서 만난 다른 피난민들과 난민 수용소로 들어갑니다.

하지는 그때부터 말을 잃습니다. 피난길을 가면서도, 난민 수용소에서도, 자신을 도우려는 사람 누구에게도 마음을 열지 못합니다. 하지가 겪어야 했던 그 모든 끔찍한 일이 하지의 눈물을 마르게 하고 말문을 막은 것입니다. 또 하나의 시선이 바라보는 인물은 학교에 다니고 친구와 함께 수다를 떨며 평범한 삶을 살아가던 열아홉 살 청년 '콜리아'입니다. 그는 친구와 함께 호기심에 잠깐 피운 마약 때문에 경찰에 잡힙니다. 그리고 감옥 대신 군대에 보내집니다. 아무런 준비 없이 끌려간 그곳에서 콜리아는 전쟁터에서 실려온 주검들을 목격합니다.

인간이 인간으로 대접받을 수 없는 곳, 그곳은 전쟁의 승리만이 유일한 목적이며 인간마저 전쟁에 이기기 위한 도구로 전락해버린 곳입니다. 한 번도 경험해보지 못한 폭력과 죽음의 공포 앞에서 두려움에 떨던 콜리아는 결국 살아남기 위해 전사가 되는 쪽을 택합니다. 그는 동료를 폭행하고 주검을 비웃으며 살인을 일상으로 삼는 감정을 잃은 전쟁 병기로 서서히 변해갑니다.

전쟁은 하지에게서 말을 빼앗아갔습니다. 콜리아의 감정을 모조리 말려버렸습니다. 전쟁은 눈에 보이는 것뿐 아니라 보이지 않는 것까지 파괴하기에 무서운 것입니다. 막을 수 있다면 어떤 일이 있어도 막아야 하는 것이 전쟁입니다.

파괴된 것들을 찾아내는 일

난민 수용소로 간 하지는 그곳을 지키는 군인들에게 공포를 느끼고 수용소에서 도망칩니다. 낯선 곳에서 말조차 잃어버린 하지지만 길거리를 배회하다가 운 좋게도 천사 같은 캬홀을 만납니다.

유엔 인권위원회 조사팀으로 체첸에 파견되어 근무하는 캬홀은 전쟁의 참상과 원인을 찾고 러시아의 공식적 입장이 결코 진실이 아님을 밝혀내는 일을 합니다. 전쟁의 상황을 주시하거나 난민 수용소로 찾아가 전쟁의 현실을 파악하고 유엔에 보고하는 일이 그녀의 업무입니다.

길에서 우연히 하지를 만나 끔찍한 삶을 홀로 오롯이 견디는 모습을 본 캬홀은 하지를 그냥 둘 수 없어 집으로 데려옵니다. 그리고 하지와 대화하려 하죠. 하지만 소용 없습니다. 하지는 말을 하지 않는 아이가 되었으니까요. 캬홀은 말 못하는 하지와의 소통이 어려워 난민 수용소 대표인 헬렌에게 도움을 청합니다. 이 또한 소용없는 일이었습니다. 난민 수용소로 데리고 간 하지가 그곳의 군인들을 보자마자 다시 도망쳐버렸거든요.

하지만 캬홀의 진심을 느꼈던 걸까요? 하지는 캬홀의 집 앞을 서성이다 그녀를 다시 만나 함께 집으로 들어갑니다. 그리고 그녀와 조금씩 소통합니다. 마음의 상처를 극복하고 입을 열어 부모의 죽음을 목격했던 일과 동생을 버릴 수밖에 없던 아픈 과거를 고백합니다. 캬홀이 그토록 찾던 러시아의 체첸 무차별 학살에 관한 진실이 하지의 고백 앞에서 명명하게 드러납니다.

부모가 사살되는 것을 눈앞에서 목격하고 러시아군에게 끌려갔던 하지의 누나 라리사는 살아남아 하지와 막냇동생을 찾아다닙니다. 그리고 우여곡절 끝에 막냇동생도 찾고 하지도 극적으로 만납니다. 가족이 회복되고 하지의 밝은 웃음이 되돌아오는 순간, 파괴된 것들을 찾아내고 회복시키는 캬홀과 헬렌의 일이 얼마나 소중한 것이었는지 다시금 실감합니다.

전쟁터 후방 지역에서 시체 처리를 맡았던 콜리아는 점점 괴물이 되어갑니다. 일하는 시간 동안 웃으며 시체들과 대화도 하고 혼잣말도 합니다. 자살한 동료를 보며 두려움에 떨고 눈물 흘리며 군의 잘못된 관행에 항의하던 콜리아는 사라졌습니다. 살아남기 위해 그는 철저히 군의 도구가 되었습니다. 그러던 어느 날 그는 총알과 포탄이 빗발치는 전쟁터 전방으로 던져집니다. 그는 그곳에서 살아남기 위해 또 한 번 변합니다. 수많은 사람이 죽고 살기 위해 죽여야 하는 살벌한 상황에서 콜리아는 점차 살인을 하며 웃을 수 있는 잔인한 살인마로 변해갔습니다.

〈더 서치〉의 마지막 장면은 첫 장면에서 비디오카메라를 들고 전쟁을 기록하던 병사가 콜리아임을 보여줍니다. 순수하고 의롭던 청년 콜리아는 전쟁으로 감정이 파괴되고 인간성마저 잃습니다. 전쟁이 그의 생명을 파괴한 것은 아니었지만 그의 감정과 인간성을 모조리 앗아간 것입니다.

콜리아는 잃어버린 것들을 어떻게 되찾을 수 있을까요? 영화는 그 답을 알려주지 않습니다. 우리에게 숙제로 남겨주었죠. 살아있는 모든 것을 파괴하고 인간성마저 말살시키는 '전쟁' 앞에서 우리가 무엇을 해야 할까요?

2022년 전 세계가 평화를 지향하는 이 시대에 러시아는 우크

라이나를 상대로 잔인하고 파괴적인 전쟁을 시작했습니다. 러시아, 이스라엘, 지구촌 곳곳에서 벌어지는 전쟁을 그저 넋 놓고 남의 일인 양 바라보고만 있을지, 아니면 평화를 위해 목소리를 높이고 생각을 모으는 삶을 살 것인지는 우리가 결정해야 할 문제입니다. 전쟁이라는 괴물이 언젠가 지구촌 유일의 분단 국가인 대한민국을 삼키고 온 지구촌 인류를 잡아먹을지도 모르는 일이니까요.

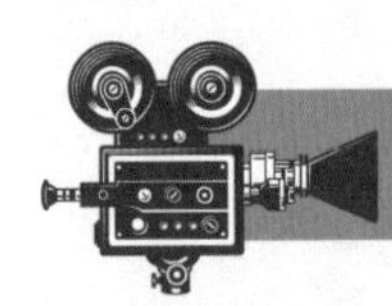

함께 보면 더 좋은 추천 영화

블랙 호크 다운

감독: 리들리 스콧 | 2001년 | 15세 관람가

1993년 소말리아의 수도 모가디슈에서 일어난 전쟁을 소재로 합니다. 내전과 기근으로 시달리는 소말리아에 유엔 평화유지군으로 파견된 미군이 무장한 소말리아 민병대의 공격을 받습니다. 작전에 투입된 블랙 호크의 추락으로 고립된 전우를 구출하기 위해 사지로 들어가는 모습을 영웅주의나 애국주의를 배제하고 적에게 포위된 군인들의 두려움과 전쟁의 참상을 다큐멘터리처럼 표현해냈다는 평가를 받습니다.

미드웨이

감독: 롤랜드 에머리히 | 2019년 | 15세 관람가

1941년 2차 세계 대전 무렵의 진주만 공습과 일본의 전쟁 야욕을 보여주는 영화입니다. 일본은 진주만 공습 이후 미국 본토 공격을 계획합니다. 미군은 일본의 다음 공격 목표가 어디인지 알아내기 위해 암호 해독에 열을 냅니다. 그리고 가까스로 알아낸 두 번째 타깃 '미드웨이'를 지켜내기 위해 고군분투합니다.

브라더스

감독: 짐 쉐리단 | 2009년 | 15세 관람가

아프가니스탄 내전에 참전했던 샘. 그의 가족은 샘의 사망 소식을 통보받습니다. 감옥에서 출소한 샘의 동생 토미는 형의 빈자리를 채우며 가족의 인정을 받기 시작합니다. 그런데 죽은 줄 알았던 샘이 돌아옵니다. 그리고 차가운 눈빛과 웃음기 사라진 얼굴로 가족들의 행복을 위협하기 시작합니다. 전쟁이 남긴 상상하지 못할 상처와 후유증이 얼마나 심각한지를 보여줍니다.

영화 감상 후 함께하는 토론 논술 활동

1

난이도 ★★★ 중등 사회

전쟁은 왜 일어날까요? 내가 알고 있는 전쟁에 대해 설명하고 전쟁이 일어난 원인이 무엇인지 파악한 후 그 전쟁이 역사와 사회에 미친 영향을 이야기해봅시다.

2

난이도 ★★ 중등 국어

하지는 충격과 마음의 상처 때문에 입을 닫고 말하기를 거부했습니다. 동생을 남의 집 문 앞에 두고 떠나기로 결정했던 일과 난민 수용소를 벗어나 길거리에서 생활할 때의 마음을 하지의 입장이 되어 표현해봅시다.

3

난이도 ★★★★ 중등 도덕, 사회

카홀은 유엔의 조사관일 뿐 전쟁으로 위험에 빠진 사람을 도와야 할 그 어떤 책임과 의무가 없었습니다. 그러나 길에서 만난 하지를 무작정 자신의 집으로 데려와 돌봅니다. 카홀이 어떤 마음이었을지 생각해보고 그 행동에 대해 옳은 점과 옳지 않은 점을 찾아봅시다.

4

난이도 ★★★ 중등 도덕

만약 콜리아가 전쟁 후 체첸의 법정에 선다면 어떻게 될까요? 전쟁 무기가 된 콜리아의 변호사가 되어 그를 변호해봅시다.

5

난이도 ★★★★★ 고등 사회

콜리아는 엄격히 말해 전쟁의 피해자라고 할 수 있습니다. 콜리아와 같은 전쟁 트라우마를 가진 사람을 돕는 방법은 무엇이 있을까요? 국가와 사회가 꼭 해야 할 일이 무엇인지 토론해봅시다.

잘못했어요. 절 용서해주세요

〈소년 아메드(YOUNG AHMED)〉

장 피에르 다르덴, 뤽 다르덴 감독 | 2019년 제작 | 12세 관람가

⚜⚜⚜

인간은 태어나면서부터 국가, 가정, 또래, 종교 등 다양한 집단에 속해 있고 또 자라면서 새로운 집단을 형성하기도 합니다. 그리고 인간의 자아정체성은 자신이 속한 집단과 상호 작용하면서 형성되지요. 즉 집단은 우리 삶에 매우 중요한 영향을 미칩니다.

간혹 집단과 집단 사이에는 갈등이 일어납니다. 최근에도 집단 간의 대립과 갈등으로 많은 사상자가 발생하고 있고 이슬람교와 무슬림을 혐오하는 사회적 분위기가 형성되기도 했습니다.

〈소년 아메드〉의 감독 장 피에르 다르덴과 뤽 다르덴(이하 다르덴 형제)은 나와 다른 사람들의 모습을 보면서 인간에 대해 이해하고 결속력이 생기기를 바랐다고 합니다. 그래서인지 다르덴 형제의 영화는 '나와 다르지만 이웃하고 있는' 소외된 사람을 보여줍니다. 또한 집요할 정도로 인물을 따라다니는 카메라 워크가 특징이지요. 이러한 연출은 인물이 느끼는 생생한 감정을 전달하면서 아메드가 허구의 인물이 아닌 실존 인물로 받아들이게 합니다. 〈소년 아메드〉가 말하는 우리 사회 문제가 남의 일이 아닌 우리의 일로 가깝게 느껴지는 이유입니다.

신을 위한 종교, 삶을 위한 종교

아메드는 이슬람교의 교리를 성실하게 따르는 무슬림입니다. 그리고 그에게 강한 영향을 미치는 이맘은 코란◆ 공부를 가르치는 종교 지도자입니다. 이맘에게서 알라를 섬기는 신자의 삶에 관해 배우는 아메드는 그의 말을 절대적으로 신뢰하지요.

이슬람교의 교리는 엄격합니다. 여자와 악수를 하면 안 되고 정해진 시간에는 반드시 기도를 드려야 합니다. 어렸을 때부터 가르치고 돌봐주었던 선생님이라도 성별이 다르면 악수를 나눌 수 없고 어머니와도 기도 시간이 되면 대화를 나눌 수 없습니다.

◆ 이슬람교의 경전을 일컫는 말입니다. 기독교의 경전은 성경입니다.

아메드는 가족과 친구 간에 만들어진 규범보다 신의 법이 더 중요하다고 생각합니다. 아메드의 삶에서 가장 중요한 가치는 알라의 말씀을 따르는 것이죠. 그런데 문제가 생겼습니다. 알라의 말씀을 따르면 점점 고립된다는 것입니다. 그는 엄마와 누나, 선생님과도 멀어졌습니다.

이맘와 아메드가 알라의 뜻을 삶의 중심에 둔 인물이라면 아메드의 엄마와 아네스 선생님은 교리와 인간의 삶을 조화시킨 인물입니다. 아메드의 엄마는 아메드가 어렸을 때부터 돌봐준 아네스 선생님께 인사도 하지 않자 야단칩니다. 그녀는 이슬람 교리를 따르는 것도 중요하지만 인간의 도리를 갖추는 것도 중요하다고 생각합니다.

아네스 선생님 또한 신의 교리와 함께 인간의 실제적인 삶도 중요하게 생각하는 인물입니다. 무슬림은 그동안 코란을 통해 아랍어를 배웠습니다. 그런데 코란으로 배운 아랍어는 실생활에서 사용하기가 어렵습니다. 그녀는 무슬림이 사회에서 제대로 된 삶을 살 수 있도록 실용 아랍어를 가르칠 필요가 있다고 생각하고 노래를 활용한 아랍어 교습법을 계획합니다. 이에 학부모들은 종교 정신이 훼손될 것을 두려워하는 입장과 실용 아랍어를 배워야 한다는 입장으로 나뉩니다.

우리에게 무슬림은 테러 집단, 극단주의 등 부정적인 이미지로 각인되어있습니다. 하지만 무슬림도 개인의 태도에 따라 종교와 삶의 조화가 다릅니다. 누군가는 종교와 자신의 삶을 동일시하려고 하고 또 누군가는 종교와 자신의 삶을 조화롭게 이루어 나가고자 합니다.

신의 법이 전부인 사람들

> 알라의 이름으로 너를 적대시하는 자들과 싸워 그들을 죽여라.
> 어디서 마주치든 처단하라. 알라를 위협하면 죽여라!

이맘은 아메드에게 코란과 종교 활동을 가르칩니다. 그는 아네스 선생님이 계획한 노래로 배우는 아랍어 교육을 비판하면서 '그 여자의 목적은 이슬람교를 없애는 것'이라고 말합니다. 아메드와 그의 형 라시드는 이슬람교를 지키기 위해서 아네스 선생님의 계획을 막아야 한다고 생각합니다. 그래서 학부모 회의에 참석해 "아네스 선생님은 유대인 남자 친구가 생겼기 때문에 이슬람교가 사라지거나 말거나 관심이 없을 것"이라고 말합니다.

아네스 선생님은 종교와 삶의 균형이 무너진 아메드가 안타까워 코란에는 다른 종교와의 공존을 말하는 부분이 있다는 걸 알려줍니다. 하지만 이는 이맘이 교육한 내용과 상반되는 내용입니다. 이맘은 코란에는 '유대인과 기독교인은 우리의 적'이라는 내용이 있다고 가르쳤거든요. 그리고 "알라의 이름으로 너를~"이라는 폭력적인 신조를 외우게 합니다. 이맘의 이 같은 세뇌는 아메드를 다른 사람들에게서 차단하는 효과를 나타냈습니다.

아메드는 모스크에서 기도하고 집으로 와 칼을 챙깁니다. 그리고 아네스 선생님을 찾아가 "신은 위대하시다!"고 소리치며 칼로 찔러 죽이려고 합니다. 알라를 위협하는 아네스 선생님을 죽이는 것은 알라의 말씀을 충실하게 실천하는 거라고 생각했기 때문이죠.

아메드는 아네스 선생님을 죽이는 데 실패하고 이맘에게로 도망칩니다. 그런데 이맘은 아네스가 배교자라고 했지 죽이라고 하지는 않았다면서 아메드에게 화를 냅니다. 알라의 말씀을 실천한 아메드에게 이맘은 왜 화를 내는 걸까요? 이맘은 아메드의 행동으로 모스크가 폐쇄되고 자신이 추방될 것을 걱정합니다. 그래서 아메드에게 인터넷에서 찾은 선동 동영상을 보고 아네스 선생님을 공격했다고 말하라고 시킵니다.

소년 보호소에 수감된 아메드는 아네스 선생님을 죽이려는 계획을 포기하지 않습니다. 몰래 숨겨온 칫솔 끝을 날카롭게 갈아 무기를 준비한 후 아네스 선생님과의 면담을 요청합니다. 하지만 사회복지사 선생님은 아메드가 아직은 아네스 선생님을 만날 준비가 안 된 것 같다고 판단합니다. 사람을 죽이려고 했던 자신의 행동이 어떤 의미인지 깨닫고 피해자의 입장을 먼저 헤아려야 하는데 아직 반성을 하지 않았다는 거죠.

아메드가 동일시하는 종교 집단의 규범은 아메드가 속한 다른 사회 집단의 규범과 대립합니다. 알라의 법에서는 알라를 위해서 누군가를 죽이는 것이 통용되지만 사회는 그 어떤 이유로도 타인을 해치는 행위를 용납하지 않습니다. 그렇다면 세상의 법과 반대되는 알라의 교리가 어떻게 그 많은 무슬림 소년에게 맹목적으로 받아들여질 수 있었던 걸까요? 그것은 종교가 내세우는 '구원'에 있습니다.

이맘과 같은 강경 무슬림에게 아네스 선생님은 알라를 위협하는 사람이므로 죽여야 마땅한 대상입니다. 알라를 위해 알라를 위협하는 인간을 죽이는 것은 신의 말씀을 따르는 것이고, 말씀에 따르는 과정에서 죽음을 맞이하면 그것은 죽음이 아닌 후광을 가진 살아있는 존재가 된다는 것이 강경 무슬림에서 통용되는 신조입니다. 그것이 신의 말씀을 따르는 자에게 주어지는 구원인 것입니다. 하지만 이는 신도를 위한 것이 아닌 집단의 안위만을 지키려는 술책입니다. 강경 무슬림은 개인을 다른 집단에게서 고립시켜 종교 집단에만 머물도록 합니다. 그렇게 왜곡된 정보만을 들은 소년들은 점점 더 강경 무슬림에 매몰되어갑니다.

소년 보호소에서 농장 일을 돕던 아메드는 농장 주인 부부의 딸 루이즈과 점점 가까워집니다. 여자를 거부했던 아메드에게 루이즈와의 교류는 깜짝 놀랄 만한 일이었습니다. 가축에게 사료를 주고 우유를 짜는 농장 일이 즐거워지고 호기심도 생기지만 아메드는 동시에 죄책감을 느낍니다. 새로운 또래 집단에 속하는 것이 겁도 납니다. 그것은 알라의 뜻에 어긋나는 것이니까요. 아메드는 급기야 자신이 불결하게 느껴져 기도도 안 될 정도라면서 루이즈에게 이슬람교로 개종할 것을 강요합니다. 루이즈가 이를 거부하자 아메드는 소년 보호소로 돌아오는 길에 탈출을 시도합니다.

구원은 죽이는 것이 아닌 살리는 것

앞서 말했듯 아메드가 믿는 종교의 신조는 세상에서 통용되는 법칙과 관념에 대립합니다. 이맘의 일방적인 정보를 들으면서 아메드는 점점 종교에 과몰입되고 고립되었죠. 사람은 모름지기 다양한 집단과 관계를 맺으면서 균형 잡힌 자아를 형성해야 하는데 아메드를 장악한 종교 집단은 나와 남의 조화로운 삶이 아닌 한 집단만의 삶을 강요했습니다. 그 결과 아메드라는 한 개인의 사회적 삶은 파괴되었습니다. 더 중요한 사실은 망가진 개인의 삶을 집단이 책임지지 않는다는 것입니다. 그런 의미에서 아메드를 진짜 구원한 것은 아네스 선생님이라고 볼 수 있습니다.

아메드가 소년 보호소를 탈출해서 찾아간 곳은 아네스 선생님이 있는 방과후학교입니다. 아메드는 학교 안으로 들어가기 위해 쇠꼬챙이로 문과 창문이 열려있는지 확인합니다. 하지만 지붕에까지 올라가다 발을 헛디뎌 떨어지고 그 충격에 몸을 움직이지 못합니다. 아메드는 가까스로 쇠꼬챙이로 울타리를 두드

려 구조 신호를 보냅니다. 그 소리를 듣고 밖으로 나온 아네스 선생님은 바닥에 쓰러진 아메드를 발견하고는 구급차를 부릅니다.

아네스 선생님은 자신을 죽이려고 했던 아메드를 진심으로 걱정하고 구하려고 했습니다. 이런 아네스 선생님의 모습을 보면서 아메드는 사과와 용서를 구합니다.

아메드가 자신의 잘못을 뉘우치게 된 까닭은 무엇일까요?

죽음 앞에 선 순간 아마도 아메드는 후광이 생기는 것도, 영원히 죽지 않는다는 말도 모두 거짓이라는 걸 알았을 겁니다. 혹은 자신이 죽이려 했던 사람의 도움을 받으면서 자신이 그토록 원했던 구원을 느낀 건 아니었을까요? 아네스 선생님의 도움은 단순히 신체의 위험을 구조한 것을 넘어 다양한 집단에 속하는 사회적 인간으로 설 수 있게 한 구원입니다.

테러를 일으킨 무슬림 소년들은 전쟁의 주범이 아닌 피해자입니다. 아메드와 같은 소년들을 가해한 자는 일차적으로 이들이 속한 집단이라고 볼 수 있습니다. 집단은 이해관계에 따라 폭력을 일으킬 수 있지만 그 희생은 개인이 감당하고 책임져야 한다는 사실을 알아야 합니다. 우리는 왜 저들과 싸우는가, 이 갈등이 나의 삶과 어떤 관계가 있는가에 대해 고민해야 합니다.

역사는 전통적으로 집단을 중심으로 한 기록물입니다. 역사 속에는 수많은 개인의 삶이 있습니다. 하지만 이는 기록되지 않지요. 우리는 모든 역사 속에 개인이 있고 그 개인의 삶이 어떠했는가에 대해 관심을 가져야 합니다.

〈소년 아메드〉는 종교 집단이 이념을 유지하기 위해 개인을 어떻게 이용하는지와 개인에게 주어진 다양한 집단 간의 균형이 깨졌을 때 어떤 문제가 발생하는지 함께 보여줍니다. 아메드가 속한 집단은 존속을 위해 폭력을 정당화했고 구원을 미끼로 개인의 희생을 요구했습니다. 아메드, 즉 개인의 삶은 망가졌죠. 우리는 이러한 과정을 보면서 집단을 위한 폭력이 정당화될 수 있는지, 여기에서 만들어지는 개인의 희생이 합당한지에 의문을 가져야 할 것입니다.

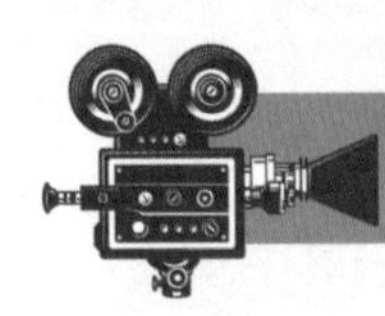

함께 보면 더 좋은 추천 영화

웰컴투동막골

감독: 배종 | 2005년 | 12세 관람가

한국전쟁이 한창일 때 태백산맥 한 마을에서 인민군, 연합군, 국군이 만납니다. 이념 간 갈등으로 발생한 전쟁터에서 이념이 없는 아름다운 동막골의 공간을 발견한 군인들은 이곳에서 자연인으로 서로를 마주하면서 상처를 치유합니다. 영화는 어려운 주제를 유쾌하고 코믹하게 그려냅니다.

킹덤 오브 헤븐

감독: 리들리 스콧 | 2005년 | 15세 관람가

평범한 대장장이 빌리안은 전쟁으로 가족을 잃었습니다. 이때 십자군 기사 아버지가 빌리안을 찾아옵니다. 아들에게서 전사의 자질을 발견한 아버지는 빌리안과 함께 성스러운 도시를 지키기 위해 떠납니다. 웅장한 영상, 화려한 액션과 함께 전쟁이 감추고 있는 종교의 욕망이 무엇인지 잘 보여줍니다.

영화 감상 후 함께하는 토론 논술 활동

1

난이도 ★★★★★ 중등 사회

우리나라는 종교의 자유가 보장되고 다양한 종교 집단이 공존하고 있습니다. 여러분은 종교와 종교 집단의 역할이 무엇이라고 생각하나요?

2

난이도 ★★★★★ 중등 도덕

아메드는 아네스 선생님을 이슬람교를 없애려는 배교자라고 생각하고 죽이려고 했습니다. 이런 생각은 소년 보호소에서도 이어졌는데 심각한 부상을 입고서야 선생님께 진심으로 사과합니다. 아메드는 왜 아네스 선생님께 사과했을까요?

3

난이도 ★★ 중등 도덕

아메드는 아네스 선생님이 알라를 위협하는 인물이라고 생각합니다. 그래서 알라를 위해 아네스 선생님을 죽이려고 하죠. 아네스 선생님을 죽이려는 아메드에게 편지를 써봅시다.

4

난이도 ★★★★★ 중등 사회

다양한 종교 갈등으로 세계 곳곳에서 문제가 발생하고 있습니다. 영화의 공간적 배경인 벨기에는 언어 갈등으로 남북 분단의 위기를 겪고 있습니다. 또한 유럽 전체가 무슬림에 의한 테러를 당하고 있습니다. 여러분은 문화적 차이에 따른 갈등을 줄여나가는 데 필요한 것은 무엇이라고 생각하나요?

5

난이도 ★★ 중등 사회

우리나라도 갈등을 폭력으로 해결하려 했던 역사적 사건들이 있습니다. 다른 나라에 의해 전쟁이 일어나기도 했고 동족끼리도 총칼을 겨누기도 했지요. 민주화를 지키기 위해 국민과 정부 사이에 갈등이 일어나 많은 생명이 무참히 짓밟히기도 했습니다. 과학 기술 발달과 함께 대량 학살 무기가 개발되면서 더 많은 사람을 죽일 수 있게 되었습니다. 이처럼 갈등으로 인한 폭력은 반복되어 일어나고 있습니다. 갈등을 폭력으로 해결하는 이러한 방식이 필요하다고 생각하나요?

전쟁의 불편한 진실

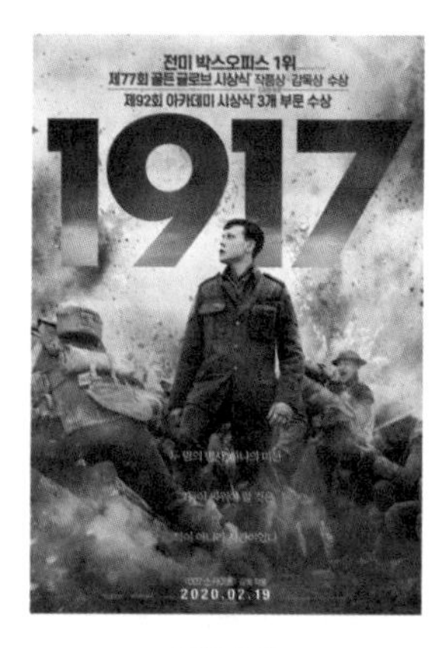

〈1917〉

샘 멘데스 감독 | 2020년 제작 | 15세 관람가

⚜⚜⚜

우리의 역사 속에는 수많은 전쟁이 있습니다. 그중 마라톤전투는 그리스가 소수의 병력과 뛰어난 전술로 페르시아를 이긴 전쟁입니다. 그리스군은 기쁨의 소식을 전령 페이디피데스를 통해 본국에 전합니다. 그는 엄청난 거리를 쉬지 않고 달려 아테네에 승전보를 전한 뒤 숨을 거둡니다. 그의 정신을 기리기 위해 올림픽 마라톤이 시작되었다고 합니다. 통신이 발달하지 않았던 시절에 전령은 소식을 전하는 매우 중요한 사람이었습니다.

우리나라에도 전령에 관한 이야기가 있습니다. 고려 목종 때

강조는 목종이 죽었다는 전갈을 받고 군사를 개경으로 몰고 옵니다. 하지만 왕이 살아있는 것을 알곤 당황하죠. 강조의 아버지 명을 받은 시종이 '왕은 이미 죽었다'라고 적힌 편지를 강조에게 전달했는데 오보였던 겁니다. 거짓 정보로 혼선을 빚기는 했지만 강조는 다시 궁으로 돌아가 김치양 일당과 천추태후를 몰아내고 목종을 낙향시켰습니다. 강조에게 소식을 전하려고 종일 달려 편지를 전달한 그 시종은 소식을 전한 후 숨을 거두었다고 합니다.

인류의 탄생 이후 인간은 끊임없이 전쟁을 벌였고 통신 시설이 발달하지 않은 시절 연락병의 역할은 중요했습니다. 영화 〈1917〉은 1차 세계 대전 중 독일을 공격하려는 영국군의 전투를 막기 위해 어느 한 병사가 연락병이 되면서 시작됩니다.

대부분의 전쟁 영화는 상대 진영을 공격해 고지를 탈환하거나 적에게 잡힌 포로를 구하기 위해 작전을 수행하거나 피를 흘리며 죽어가는 참혹한 장면을 연출합니다. 하지만 〈1917〉은 적에게 유인당해 몰살이 예견된 전투를 막기 위해 한 병사가 목숨을 걸고 진영에 뛰어드는 내용으로 감독이 1차 세계 대전에 참전한 할아버지에게서 들은 실화를 바탕으로 한 것이라고 합니다.

평소와 다를 바 없을 줄 알았어

〈1917〉은 꽃이 피어있는 평온한 들판에서 나무에 기대어 쉬는 두 청년의 모습을 보여주면서 시작합니다. 달콤한 휴식도 잠시, 두 청년은 함정에 빠진 데번셔 2대대에 독일에 대한 공격을 중지하라는 명령을 전달해야 하는 임무를 맡습니다.

독일군이 후퇴하는 것을 보고 총공격을 계획했지만 에린무어 장군은 영국군의 이 작전이 잘못되었음을 알아차립니다. 독일군은 작전상 후퇴하고 있던 거였습니다. 함정이었죠. 총공격을 계획하고 있는 영국군에게 빨리 이 사실을 전달해 전투를 막아야 합니다. 그렇지 않으면 1,800명의 목숨이 위태롭습니다.

통신이 끊어진 상황에서 두 명의 병사가 연락병으로 차출되었습니다. 브레이크는 지도 판독이 뛰어나며 데번셔 2대대에 형이 있다는 이유로 차출되었지만 스코필드는 브레이크 옆에서 쉬다가 얼떨결에 차출됩니다. 형을 구해야 하는 브레이크와 특별한 목적이 없는 스코필드는 출발부터 의견 차이를 보입니다. 스코필드는 적에게 노출되기 쉬우니 밤에 출발하자고 하고 브레이크는 한시라도 빨리 형을 구해야 하니 당장 출발하자고 합니다.

긴 참호로 이동하는 두 사람을 따라 다른 병사들의 모습이 보입니다. 참호 벽에 기대 잠시 눈을 붙이는 병사, 부상으로 고통을 호소하는 병사, 다친 병사를 옮기는 병사의 모습에서 전쟁의 긴장감이 느껴집니다. 스코필드와 브레이크는 참호 밖으로 나가기 전 적의 모습을 살펴본 후 총에 검을 장착하고 사다리로 올라갑니다. 앞으로 펼쳐질 일에 대해 아무런 정보도 없이 두 사람은 두려움에 떨며 참호 밖으로 나갑니다.

전쟁 전에 이들은 무슨 일을 했을까요? 누군가를 향해 총을 겨누고 죽이는 일은 하지 않았을 겁니다. 이들이 겪는 지금의 상황을 이전에는 상상도 해보지 못했을 겁니다. 그 당시 젊은이들은 전쟁이 금방 끝날 거라고 생각하고 전장에 나왔습니다. 4년이나 계속될 거라고는 생각지도 못했을 겁니다. 브레이크 또한 그저 밥을 잘 먹여줄 것 같아 사제가 되는 것을 포기하고 군대에 지원했습니다. 집보다 전쟁터에 먹을 게 많을 것 같았거든요.

스코필드는 자신의 훈장을 브레이크의 포도주 한 병과 바꿉니다. 그는 쇠 껍데기에 불과한 훈장에 연연하는 브레이크를 이해할 수 없습니다. 그에게는 포도주 한 병이 이 상황을 벗어나는 데 훨씬 도움이 되기 때문이죠.

참호 밖의 상황은 너무 끔찍했습니다. 곳곳에 널려있는 시체와 동물들의 사체는 참호 안과는 또 다른 두려움을 불러 일으켰습니다. 이들은 아마도 누군가의 아빠이며 아들이고 동생이며 형이었을 것입니다. 어서 빨리 전쟁이 끝나 그들이 다시 돌아오기를 간절히 바라는 가족들도 있었을 겁니다. 그런데 왜 이들은 이런 차가운 바닥에 주검으로 있는 걸까요? 이 많은 죽음은 누구를 위한 것일까요? 전쟁이 아니었더라면 이들은 가족과 함께 따뜻한 집에 있었을 테죠. 전쟁에 참여한 젊은이들은 전쟁도 평소와 다를 바 없는 일상이라고 생각했나봅니다.

전우애

두 병사는 시체가 썩는 지독한 냄새를 견디며 독일군 참호에 도착합니다. 참호는 모두가 버리고 떠난 뒤라 아무도 없었죠. 그때 부비트랩◆을 쥐가 건드리면서 참호가 무너지고 스코필드가 돌무더기에 깔립니다. 다행히 브레이크의 도움으로 빠져나오지만 스코필드는 무너진 잔해 가루 때문에 눈을 뜰 수가 없습니다. 브레이크를 붙잡고 겨우 일어난 스코필드. 둘은 다시 길을 떠납니다.

갑자기 그들을 향해 적의 비행기 한 대가 돌진하면서 추락합니다. 둘은 적군이지만 조종사를 구하지요. 아마도 이 두 젊은이는 전쟁이란 상황을 아직도 깨닫지 못했나 봅니다. 스코필드가 물을 뜨러 간 사이 적군 조종사가 브레이크에게 칼을 휘둘러 부상을 입혔습니다. 뒤늦게 돌아온 스코필드가 조종사를 총으로 쏘아 죽이지만 브레이크는 결국 생사의 갈림길에서 스코필드에게 유언을 남깁니다.

대부분의 전쟁 영화는 아군과 적군, 또는 같은 대원들 사이에 선과 악의 대립 구도를 만들어놓습니다. 하지만 영화 〈1917〉은 적군이 거의 나오지 않으며 몇 명 나오는 적군도 악인이라기보

◆ 보통 전화기나 출입문 같은 곳에 설치해 무심코 건드리면 폭발하게 만든 장치입니다. 지뢰는 군사 작전의 일부분으로 통제·운영되지만 부비트랩은 통제 없이 수시로 설치됩니다. 살상 효과는 크지 않지만 적에게 공포감을 주는 심리적 효과를 기대할 수 있습니다. (출처: 두산백과)

다는 전쟁으로 인한 공포에 휩싸여 어쩔 수 없이 또는 살기 위해 폭력을 행사하는 연약한 인간에 불과합니다. 정의로운 의인과 비열한 악인의 모습이 보이지 않습니다. 적군에 맞서 싸우는 용감한 아군도 없죠. 겁에 질려 서로에게 총격을 가하며 불안에 떠는 병사만 있을 뿐입니다.

원래 전쟁터는 자신이 죽지 않기 위해 타인을 죽여야만 하는, 어느 쪽이든 죽어야 끝이 나는 죽음의 공간입니다. 하지만 스코필드는 죽음을 두려워하기보다 지금의 행복을 중요하게 생각하기로 합니다. 농담을 나누는 이름 모를 전우들을 보며, 버려진 아이들을 돌보는 여인을 보며 자신의 진정한 모습을 찾은 거죠. 그전에는 누군가에 떠밀려 무언가를 했다면 이제는 목숨을 걸고 이 상황을 헤쳐 나가는 주체적인 모습을 보입니다. 브레이크의 죽음으로 충격을 받은 스코필드에게 장교는 충고합니다.

"계속 생각해봐야 부질없는 짓이다."

스코필드는 자신의 목숨을 살려준 브레이크의 마지막 유언을 형에게 전하기 위해, 그리고 임무 수행을 위해 길을 떠납니다.

생사의 갈림길

스코필드는 장교의 도움으로 트럭을 타고 길을 떠납니다. 하지만 시간이 촉박한 스코필드는 끊어진 다리 앞에서 돌아가야 하는 상황이 되자 차에서 내려 혼자 길을 떠납니다. 그리고 폐허가 된 마을에서 민간인 프랑스 여성과 아이를 만나 잠시 마음의 위안을 받고 아이에게 시를 읊어줍니다.

> 그들은 시브에 있는 바다로 갔다.
>
> 시브에 있는 바다로 갔다.
>
> 아무리 친구들이 말려도
>
> 겨울 아침 눈보라가 몰아쳐도
>
> 시브에 있는 바다로 갔다.
>
> - 에드워드 리어

시 내용이 가족과 친구들의 만류에도 전쟁에 참여한 스코필드의 이야기 같습니다. 자신의 아이와 부인이 생각나서인지 스코필드는 그들에게 자신이 가진 모든 통조림과 우유를 나눠주고 다시 독일군 진지로 뛰어듭니다. 날이 밝아와 위험하니 어두워지면 출발하라는 말을 물리치고 그는 전우들을 빨리 살려야 한다는 생각에 서두릅니다.

후퇴하고 남은 몇몇 독일군의 공격을 받으며 스코필드는 달립니다. 달리다 막다른 곳에 다다른 스코필드는 강물로 뛰어듭니다. 한참을 물속에 있다가 물에 떠 있는 나무를 붙잡고 헤엄칩니다. 강가에 널부러져 있는 시체들을 바라보는 것이 힘에 겹지만 데번셔 2대대에 연락하기 위해서 꿋꿋이 참고 견딥니다. 뭍으로 올라온 스코필드는 큰소리로 웁니다. 살았다는 안도감 때문이겠죠. 그때 한 병사의 노랫소리가 들립니다.

나는 가여운 나그네… 그저 집으로 가네

가여운 나그네가 된 병사는 이 싸움만 이기면 집으로 돌아간다고 생각했을까요? 적막감과 고요함이 긴장감을 더하지만 이 노래가 들리는 잠시 동안은 이곳이 전쟁터임을 잊게 됩니다.

스코필드에게는 아직 임무가 남아있습니다. 전투 중지 명령서를 전달해야 합니다. 적에게 총공격을 펼치기 위해 앞으로 뛰어가는 아군들과 달리 스코필드는 이 싸움을 막기 위해 그들과 수직 방향으로 뛰어갑니다. 아군과 같은 방향이 아닌 수직 방향으로 뛰는 이 장면은 앞으로 다가올 두려움과 웅장함을 느끼게 하지요.

포화를 뚫고 데번셔 2대대에 도착한 그는 전투 중지 명령서를 매켄지 중령에게 전합니다. 하지만 그는 전투만이 전쟁을 끝내는 길이라며 공격을 중지할 생각이 없다고 말합니다. 그를 말릴 방법이 없던 스코필드는 모든 병사 앞에서 독일군은 작전상 후퇴를 하는 것이며 몇 달 동안 준비한 함정이므로 공격을 중지해야 한다고 외치죠. 메켄지 중령은 그제서야 공격을 중지시킵니다.

"오늘은 끝날 거란 희망이 있었다. 희망은 위험한 거야. 이 전쟁을 끝내는 길은 하나, 마지막 한 사람까지 죽는 것이다."

중령은 전쟁에서는 적을 죽이지 않으면 살아남을 수 없으므로 끝까지 적을 죽이면 오늘 전쟁이 끝날 수 있을 거라는 희망이 있었다고 이야기합니다. 마지막까지 적을 죽여야 살 수 있는 전쟁터에서 스코필드는 적을 죽이지 않고도 살아남았습니다.

〈1917〉의 프롤로그와 에필로그는 한 병사가 나무에 기대어 눈을 감고 있는 장면입니다. 모든 임무를 완수한 스코필드는 아내와 아이들이 담긴 사진과 "꼭 돌아와야 해"라고 쓰여진 쪽지를 보고는 나무에 기대어 휴식을 취합니다. 전쟁을 왜 해야 하는지, 누구를 위한 전쟁인지, 전쟁의 희생을 감수해야 하는 사람은 누구인지 다시 한번 불편한 진실에 대해 생각하게 됩니다.

함께 보면 더 좋은 추천 영화

라이언 일병 구하기

감독: 스티븐 스필버그 | 1998년 | 15세 관람가

2차 세계 대전에 참전한 라이언 가(家)의 사형제 중 막내를 제외한 세 명이 전사했습니다. 하나 남은 막내도 생사를 알 수 없고, 살아있다 해도 언제 전쟁터에서 죽게 될지 모르는 상황에서 정부는 막내만이라도 살려서 집에 보내자고 결정합니다. 미 국방부는 구출팀을 꾸려서 라이언 일병 구출 작전에 투입합니다.

플래툰

감독: 올리버 스톤 | 2017년 | 15세 관람가

전쟁은 인간성을 파괴시키고 한 개인의 삶을 파멸로 이끕니다. 감독은 이 영화를 통해 전쟁의 본질과 인간 본성의 문제를 파헤쳤습니다. 영화의 공간적 배경은 베트남이지만 베트남전쟁이 아니어도 상관없습니다. '전쟁이 인간을 어떻게 망가뜨리는가'라는 감독의 메시지를 잘 보여주는 영화입니다.

진주만

감독: 마이클 베이 | 2001년 | 12세 관람가

영화는 영국 본토 항공전, 진주만 공습, 둘리틀 특공대의 세 사건을 배경으로 삼고 있습니다. 진주만 공습에 관한 이야기와 세 젊은이의 사랑과 우정에 관한 이야기입니다. 대니의 죽음과 남겨진 레이프와 에블린은 그를 기리면서 살아갑니다.

영화 감상 후 함께하는 토론 논술 활동

1

난이도 ★★★ 중등 국어

영화에 나오는 노래 〈I am a poor wayfaring stranger〉를 들어보고 왜 이 노래가 병사들에게 위안을 줄 수 있었는지 이야기해봅시다.

2

난이도 ★★★ 중등 국어

스코필드는 "왜 하필 나를 선택했어?"라며 브레이크에게 묻습니다. 이에 브레이크는 "평소와 다를 바 없는 줄 알았지."라고 대답합니다. 그 당시 젊은이에게 전쟁은 어떤 의미로 다가왔을까요? 1차 세계 대전이 일어난 이유와 함께 젊은이들이 전쟁에 참여하게 된 이유를 그 당시 젊은이의 입장이 되어 적어봅시다.

3

난이도 ★★ 중등 국어

죽기 직전 브레이크는 갑자기 닥친 자신의 죽음을 두려워하면서 스코필드에게 엄마에게 편지를 써줄 것과 사랑했다는 말을 전해달라고 합니다. 만약 갑자기 죽음을 맞게 된다면 가족에게 어떤 말을 전하고 싶나요? 가족에게 전하고 싶은 말을 글로 남겨보세요.

4

난이도 ★★ 중등 국어

스코필드에게 훈장은 쇠 껍데기일 뿐이지만 브레이크에게는 자랑스럽고 명예로운 물건입니다. 여러분은 이러한 훈장에 대해 어떻게 생각하나요? 스코필드와 브레이크의 입장이 되어 토론해봅시다.

5

난이도 ★★★ 중등 도덕

독일군은 떠나기 전 체리나무를 모두 베어버렸습니다. 꽃이 활짝 피어있지만 모두 부러져있는 체리나무를 보고 브레이크는 "체리나무가 죽은 후에는 더 많은 체리가 생겨나지."라고 말합니다. 이 말에 어떤 의미가 담겨있는지 토의해봅시다.

5부

인권의 가치

가족이라는 이름의 폭력

〈아무도 모른다(Nobody Knows)〉

고레에다 히로카즈 감독 | 2005년 제작 | 전체 관람가

⚜⚜⚜

'배드파더스'라는 웹사이트는 양육비를 주지 않는 나쁜 부모들의 신상을 공개하는 곳입니다. 사진과 함께 현재 직업, 지급하지 않은 양육비를 올려놓다 보니 개인 신상 비방이 아닌가 생각할 수도 있지만 법원에서는 아동 생존권과 관련되어있다며 배드파더스의 손을 들어주었습니다. 양육비가 지급되지 않으면 아이들의 생존이 위협받기 때문입니다.

법원은 개인 신상을 공개하는 것은 비방이 아니며 아이들이 고통받는 상황을 알려 양육비를 촉구하기 위한 것이라고 했습니다. 그러면서 이제는 이 상황을 법으로 명시해 아이들과 한부모를 보호해야 한다고 했지요. 하지만 법제화의 길은 아직도 쉽지 않아 보입니다.

배드파더스 사이트에 들어가보면 "이혼한 싱글맘에게 양육비는 아이의 생존권을 지켜줄 생명줄입니다."라는 문구가 있습니다. 양육비와 생존권의 관계는 설명하지 않아도 잘 알 것입니다. 그런데도 양육비를 지급하지 않는 부모들은 무슨 생각일까요?

1988년 일본에서 양육비 때문에 아이들의 생존권을 위협받는 사건이 있었습니다. 아버지 없이 아이를 키우던 엄마마저 집을 나간 후 방치된 네 아이의 삶이 집주인의 신고로 드러난 '스가모 아동 방치 사건'입니다.

집을 나가기 전 엄마는 죽은 둘째를 벽장 속에 방치합니다. 그 모습을 본 아이들은 엄마가 집을 나간 후 다른 여동생이 죽었을 때도 시신을 방치합니다. 한 명은 백골의 모습으로 벽장 속에, 또 한 명은 시이타미현 치치부시 근처에 묻었다고 첫째가 증언합니다. 아버지가 모두 다른 이 아이들은 출생 신고도 되어있지 않았으며 학교에 간 적도 없습니다.

아이들이 발견된 당시 이들이 살던 집의 전기와 수도는 끊긴지 오래였고, 집 안은 온통 쓰레기로 가득했습니다. 일본에서 가장 많은 인구가 사는 도쿄에서 어느 누구도 노숙자처럼 사는 아이들의 삶에 관심이 없었습니다. 타인에 대한 일본인의 무관심이 일본 전체를 놀라게 한 사건입니다.

아이들은 심각한 아동 학대를 당하고 있었지만 이웃들은 알아차리지 못했습니다. 부모에게 맞아 울거나 멍 자국 같은 눈에 보이는 현상이 없어서일까요? 왜 아무도 몰랐을까요? 영화 〈아무도 모른다〉는 이 사건을 모티브로 시작합니다.

무책임한 부모

엄마는 주인에게 식구는 본인과 아들뿐이라고 인사를 하고는 이삿짐을 나릅니다. 그런데 이삿짐 속에서 아이가 나옵니다. 마트료시카 인형에서 다른 인형이 나오듯 말입니다. 트렁크에서도 두 명의 아이가 나오고 저녁에는 밖에서 기다리고 있는 여자아이도 데리고 들어옵니다. 가족은 순식간에 다섯 명으로 늘었습니다. 엄마는 식탁에 앉아 저녁을 먹으며 규칙을 정합니다.

첫째, 큰소리를 내지 않는다.
둘째, 밖에 나가지 않는다.

큰소리를 내지 말라는 것은 공동 주택에서 다른 집을 위한 배려 같지만 아이들에게 밖에 나가지 말라는 것은 좀 이상합니다. 어쨌든 밖에 나갈 수 있는 사람은 장남 아키라뿐입니다.

아이들은 온종일 집에서 조용히 지냅니다. 투명 인간처럼 다른 사람에게는 보이지 않지만 이들은 분명히 존재하는 사람입니다. 이들은 서로 의지하며 자신들의 존재를 집 안에서 만들어 갑니다. 장남 아키라는 장보기와 식사 준비, 둘째 교코는 빨래와 설거지. 엄마가 돈을 버는 대신 아이들이 집안일을 도맡아합니다. 아키라는 고작 열두 살밖에 안 된 아이입니다. 동생 교코는 더 어리지요. 이 정도면 서로 의지하며 잘살고 있다고 할 수 있지만 문제는 다음부터입니다.

어느 날 엄마가 아키라에게 좋아하는 사람이 생겼다고 말합니다. 아키라는 "또?"라고 답하면서 더는 물어보지 않습니다. 엄마는 항상 그래 왔기 때문입니다. 지금 같이 있는 동생들도 아버지가 다 다르니까요.

열두 살의 아키라는 나이답지 않게 너무 빨리 철이 들어 집안의 보호자 역할을 합니다. 장을 본 후 봉지가 세 개 있으면 자신이 양손에 들고 둘째 교코에게는 하나만 들게 합니다.

그러던 어느 날, 엄마는 당분간 집에 들어오지 못한다는 메모와 함께 약간의 돈을 남긴 채 떠납니다. 아키라 혼자 어린 동생들을 돌봐야 합니다. 설상가상 돈도 떨어집니다.

아이들은 자신의 아빠를 제대로 알지도, 만나지도 못한 채 살아왔지만 돈을 구하기 위해 얼굴도 모르는 아빠를 찾아갑니다. 하지만 그들은 자신도 힘들다며 도움을 주지 않습니다. 아키라의 아빠는 하네다 공항에서 일하고, 교코의 아빠는 음악 프로듀서이며, 시게루와 유키의 아빠는 택시 기사이지만 그들은 모두 자신이 아빠가 아니라고 우깁니다.

희망이 없는 아이들

아키라는 편의점에서 장을 봅니다. 편의점에서 일하는 누나가 아키라의 사정을 듣고 정부에 도움을 청하라고 하지만 그는 거절합니다. 정부에 알리는 순간 뿔뿔이 흩어져 살아야 하는 것을 아니까요. 아키라는 동생들과 함께 살고 싶습니다. 이들은 과연 잘 살아갈 수 있을까요? 엄마가 떠난 아이들은 앞으로 어떤 희망을 갖고 살아가야 할까요?

엄마가 성을 바꾸었다는 사실을 알게 된 아키라는 엄마가 다시 돌아오지 않을 거라고 짐작합니다. 하지만 동생들이 실망할까봐 사실을 숨기고 오히려 엄마가 세뱃돈을 보내줬다면서 동생들에게 나누어줍니다. 편의점 누나에게 부탁해 세뱃돈 봉투에 이름을 적은 것이지요. 하지만 교코는 엄마의 글씨가 아니라는 것을 눈치챕니다.

엄마가 준 생활비가 점점 줄어듭니다. 도와주는 사람도 없습니다. 아이들은 점점 삶을 포기하려 합니다. 헤어지기 전 엄마는 교코에게 매니큐어를 발라주었습니다. 희미해져가는 매니큐어만큼 엄마가 다시 올 거라는 기대와 희망도 사라지고 있습니다. 전에는 빨래도 야무지게 널고 정리하던 교코이지만 이제는 누워만 있지요. 아키라도 힘이 없어 보입니다. 무기력과 배고픔에 아이들은 점점 무너져가고 집 안은 점점 더 엉망이 되어 쓰레기장처럼 되어갑니다.

학교에서 수학 문제를 풀어야 할 나이에 아키라는 그날 쓴 돈과 남은 돈을 계산해 공책에 적습니다. 아키라는 친구들과 함께 시간을 보내고 학교에 다녀야 하는, 아직은 어른들의 돌봄이 필요한 아이입니다. 장남이라는 이유로 너무 많은 짐을 진 것은 아닐까요?

아이들은 수도와 전기가 끊긴 집에서 불평도 불만도 없이 살아갑니다. 수돗물이 안 나오면 공원에 나가 물을 먹고, 먹을 것이 없어도 그저 아키라가 뭔가를 가져올 때까지 기다립니다. 엄마에 대한 원망도 기다림도 없습니다. 그냥 하루하루를 보내는 아이들의 담담한 모습이 더 가슴 아프고 안타깝습니다.

아이들은 앞으로 어떻게 살아가야 할까

아이들의 위태로운 모습은 막내 유키가 의자에서 떨어져 죽으면서 절정으로 치닫습니다. 아키라는 아무리 힘들어도 물건은 훔치지 않았는데 유키를 살리겠다며 약을 훔칩니다. 하지만 유키는 돌아올 수 없는 곳으로 갑니다. 유키의 죽음을 어른들한테 알려야 하는데 전화할 동전도 없습니다. 아키라는 잠시 경찰에

신고할까 고민했지만 친구 사키와 함께 유키를 캐리어에 넣습니다. 이사 올 때 유키가 들어가있던 캐리어는 이젠 유키의 관이 되었습니다. 비행기를 보고 싶다던 유키의 소원을 들어주기 위해 아키라는 유키가 좋아했던 아폴로 초코과자와 함께 비행장 근처에 묻어줍니다.

기한이 지나 폐기 처분해야 하는 음식을 챙겨준 편의점 직원, 학교에는 적응하지 못했지만 아이들의 친구가 되어준 사키, 수

도세를 내지 못해 물을 구할 수 없을 때 물을 공짜로 준 공원, 공원에서 가져와 키우는 이름 모를 식물이 이들에게 도움을 준 전부입니다. 버려진 아이들에 대한 연민은 부끄러움과 미안함으로 바뀝니다. 아이를 버린 부모와 이러한 사실을 '아무도 모른 채' 살아가는 어른들, 그리고 사회 안전망의 부실과 제도의 허점을 여실히 보여주고 있기 때문입니다.

아이들을 방치하는 사건은 우리나라에서도 여전히 일어나고 있습니다. 인천에서 라면을 끓이다 화재로 이어져서 죽은 아이들과 16개월 입양아 정인이 사망 사건의 공통점은 아동 학대 신고가 있었는데도 증거 불충분으로 다시 가정으로 보내졌다는 것입니다. 제도의 허점이지요.

우리는 영화 제목처럼 아무도 모르는 게 아니라 모른 척 관심이 없었던 것은 아닐까요? 어른들의 무관심 앞에 영화 속 아이들은 무심합니다. 어른들의 관심 따위는 중요하지 않아 보입니다. 마지막 장면에서 네 명의 아이들은 아무도 모른 채 계속 살아갑니다. 삶의 의지를 찾아 자신들만의 길을 찾아가는 것인지 아니면 우리에게서 사라져가는 것인지 잘 모르겠습니다. 세상의 모든 아동은 태어날 때부터 부모와 사회로부터 보호받아야 합니다. 그것이 어른들의 책임과 의무입니다.

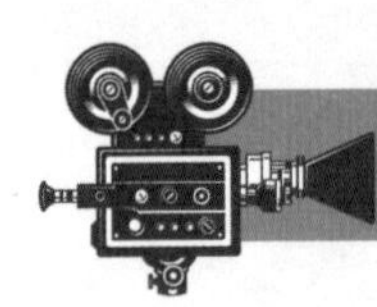

함께 보면 더 좋은 추천 영화

그렇게 아버지가 된다

감독: 고레에다 히로카즈 | 2013년 | 전체 관람가

아이가 병원에서 바뀌었다는 소식을 듣고 저쪽 부모를 만납니다. 키우던 아이를 보내야 하는 쪽은 전파상을 운영하는 가난한 가정. 키우면서 정이 든 아이와는 헤어져야 하고 친자식을 받아들여야 하지만 아직 마음의 준비가 안 되었습니다. 경제적으로는 부족해 보이지만 진정으로 아이를 사랑하는 아빠와 물질적으로 부족한 것 없는 아빠 사이에서 아이는 어떤 선택을 해야 할까요?

미쓰백

감독: 이지원 | 2018년 | 15세 관람가

"아무리 열심히 살아도 매 순간 날 배신하는 게 인생이야."를 외치며 살아가는 백상아. 어느 추운 겨울 얇은 옷을 입은 채 마주한 지은을 보고 가정 폭력 피해자임을 직감합니다. 어린 시절 가정 폭력과 성폭력을 당할 때 아무도 도와주지 않았던 자신의 과거를 생각하면서 어린 지은을 도와주기로 하지만 지은의 부모와 이 사회는 상아를 믿지 못합니다.

영화 감상 후 함께하는 토론 논술 활동

1

난이도 ★★★ 중등 사회

'가족'이라는 단어 앞에서는 아무것도 따지지 않고 세상의 어려움을 참고 견디게 됩니다. 그래서 나보다는 가족을 위해 희생하고 그 가족을 위해서 뭔가를 포기하기도 합니다. 참고 포기하고 살다 보니 가족 안에서 폭력이 일어나면 남들이 알지 못하게 쉬쉬하며 살기도 합니다. 이런 가족 이데올로기의 문제점을 영화에서 찾아봅시다.

2

난이도 ★★★ 중등 사회

아동 학대 사건의 심각성은 통계로도 드러납니다. 보건복지부에 따르면 아동 학대 신고 건수는 2015년 1만 9,214건에서 △2016년 2만 9,674건 △2017년 3만 4,169건 △2018년 3만 6,417건 △2019년 4만 1,389건으로 5년 새 두 배 이상으로 크게 늘었습니다. 우리나라에서 아동 학대 사건이 점점 늘어나는 이유는 무엇인지 논술해봅시다.

3

난이도 ★★★ 중등 국어

〈아무도 모른다〉라는 영화 제목을 통해 감독이 말하고자 했던 것은 무엇일까요? 제목의 의미에 대해 자유롭게 이야기해봅시다.

4

난이도 ★★★ 중등 도덕

영화에서 아이들을 버리고 간 엄마와 책임지지 않으려고 양육비를 내지 않는 아빠를 보면 '배드파더스'라는 웹사이트가 떠오릅니다. 배드파더스의 신상 공개에 대한 법무부와 법원의 판결을 비교해보면서 이에 대한 생각을 논술해봅시다.

법무부	민사적 채무에 대한 신상 공개를 반대한다.
법원	개인 신상을 공개하는 것은 비방이 아니며 아이들이 고통받는 상황을 알려 양육비를 촉구하기 위한 것이다.

당신의 라이프에는 누가 살고 있나요?

〈스틸라이프(Still Life)〉

우베르토 파솔리니 감독 | 2013년 제작 | 12세 관람가

⚜ ⚜ ⚜

주변 사람들과 단절된 채 홀로 살다 아무도 모르게 생을 마감하는 것을 '고독사'라고 합니다. 말 그대로 고독한 죽음이라는 뜻인데요. 우리 사회는 그동안 고독사 문제를 노인 문제 측면에서 바라보았지만 최근 청년 고독사가 늘어나면서 전 세대의 사회 문제로 인식하기 시작했습니다.

고독사는 1인 가구 증가와 관계가 있습니다. 왜 1인 가구가 증가하게 되었을까요? 우선 성인이 된 후 독립했지만 결혼을 하지 않고 미혼으로 사는 사람이 늘어났습니다. 둘째, 핵가족화된 이후 노인이 된 부모와 함께 사는 가족이 줄어들었습니다. 즉 1인 가구 증가는 사회적 분위기와 가족의 구조가 전환된 결과라고 볼 수 있습니다.

〈스틸라이프〉는 베니스영화제에서 4개 부문을 수상하고 전주영화제에서도 많은 관심을 받은 영화입니다. 영화는 고독사한 시체를 처리하는 존 메이의 삶을 조명하고 있습니다.

먼저 영화의 제목을 살펴보겠습니다. 〈스틸라이프〉는 '정물화'라는 뜻입니다. 정물화라는 회화 장르는 대상의 시간을 정지시킨 상태로 만드는 것입니다. 시간이 정지된 상태는 곧 죽음을 의미한다고 볼 수 있습니다. 그렇다면 고독사한 시신을 처리하는 존 메이를 다루는 영화 내용과 영화 제목 〈스틸라이프〉는 어떤 관계가 있을까요? 영화 제목을 살펴보면서 모든 생명에게 공평하게 놓인 죽음과 삶에 대해 생각해봅시다.

가만히 있는, 고요, 정적, 침묵, 정지한, 움직이지 않는

존 메이는 케닝턴구청 소속의 22년차 공무원으로 고독사한 망자의 시체와 유품을 처리하고 장례식까지 마무리하는 업무를 하고 있습니다. 그는 고인의 가족이나 지인에게 연락해서 죽음을 알리고 장례식에 찾아오기를 요청합니다. 연락을 받은 사람들은 자신과 관계없는 사람이라며 불쾌함을 표현하고 장례식에 참석하지 않겠다고 합니다.

존 메이가 준비한 장례식에는 망자의 죽음을 애도하는 사람이 없습니다. 존 메이는 유품에 남겨진 흔적을 통해 고인의 과거를 유추해 송고문을 작성하고 이것을 장례식장에 울려 퍼지게 합니다. 아무 흔적도 없던 고인의 삶이 존 메이에 의해 이야기를 가진 삶으로 남겨지는 것이죠. 손님이 없는 텅 빈 장례식장에 송고문이 가득 채워지면서 고인의 삶이 마무리됩니다.

감독은 고독사한 사람의 집에서 편지, 사진, 오래된 레코드판, 건조대에 널린 낡은 속옷과 양말을 차례차례 보여줍니다. 편지, 사진, 레코드판이 고인의 과거를 보여주는 흔적이라면 건조대에 널린 속옷과 양말은 고인이 최근에 살아있었음을 보여주는 증거이죠.

카메라는 고독사한 사람의 집을 보여주는 것과 비슷한 방식으로 존 메이의 집을 담아내면서 그가 담당한 사람들과 존 메이의 삶이 다르지 않다는 것을 알려줍니다. 이는 존 메이의 세 번째 고객인 빌리 스토크가 등장하면서 더욱 명확하게 드러납니다.

빌리 스토크는 썩은내가 난다는 주민들의 항의에 의해 발견된 고독사 고객입니다. 그는 존 메이의 집 맞은편, 그러니까 부엌창과 마주한 집에 사는 사람이었습니다. 존 메이는 빌리 스토크의 집을 정리하던 중 갑작스러운 해고 통보를 받습니다. 케닝턴 구청과 덜위치 지사가 합병되면서 존 메이의 일 처리 방식이 효율성이 떨어진다는 평가를 받아 우선 정리 대상이 된 것입니다.

지난 22년 동안 성실하게 처리한 장례식 업무는 존 메이 삶의 전부이기도 합니다. 그런데 장례식 업무가 효율성이라는 잣대에 의해 쓸모없는 일로 전락하면서 존 메이도 쓸모없는 존재가 되어버립니다. 해고 소식을 들은 후 집에 돌아온 존 메이가 빌리 스토크 집의 창에 비친 자신의 모습을 가만히 바라봅니다. 이 장면은 해고를 당한 존 메이의 심리적 상태를 보여주는 것으로 볼 수 있습니다. 존 메이는 빌리 스토크 집의 창에 비친 자신의 모습을 바라보면서 어떤 생각을 했을까요?

우리 사회는 쓸모로 가치를 결정하고 쓸모가 다하면 폐기 처분하는 식으로 사람을 대합니다. 쓸모가 다한 사람을 무작위로 폐기 처분하는 사람을 쓸모 있는 사람이라고도 생각합니다. 이

것이 현대 사회가 인간을 대하는 방식입니다. 국가를 위해 싸우다가 트라우마를 안게 된 빌리 스토크를 사회는 생산 능력이 없다는 이유로 쓸모없다고 평가하고 돌보지 않습니다. 우리 사회는 이런 사람들에게 침묵을 강요하고 죽음에 이르기까지 투명 인간으로 만듭니다.

라이프(Life)-살아있음, 삶

〈스틸라이프〉에서 존 메이가 담당한 마지막 사건인 빌리 스토크의 장례식은 이전 장례에서 보여주던 방식과는 조금 다릅니다. 이전 사건들은 존 메이의 일상 공간 안에서 장례 준비가 이루어졌다면 이번에는 빌리 스토크 삶의 공간 안에서 이루어집니다.

빌리 스토크의 레코드판에 숨겨진 필름 사진들을 보고 존 메이는 그가 '오컴베이커리'에서 근무했던 사실을 찾아냅니다. 그는 오컴베이커리로 찾아가 빌리 스토크의 친구를 만납니다. 그는 빌리 스토크가 노동자의 휴식 시간을 보장하기 위해 회사와 싸웠고 그 일로 해고를 당했다는 사실을 알려줍니다.

"우린 단짝이었고 빌리는 나의 형 같았어요."

오컴베이커리에서 함께 근무한 동료는 빌리 스토크가 여자들에게 인기가 많았다며 그와 사랑했던 여자에 대해서도 이야기해줍니다. 존 메이는 피쉬앤칩스 가게에서 일하는 그 여자를 찾습니다. 여자는 빌리 스토크와 헤어진 후 임신한 사실을 알았지만 빌리 스토크의 술주정이 보기 싫어 그에게 알리지 않고 아이를 낳았다고 합니다. 존 메이는 그녀에게 빌리 스토크의 장례식에 참석해줄 것을 요청하지만 거절당합니다.

어느 날 존 메이의 회사 부장이 갑자기 그를 찾아왔습니다. 그리고 업무에 대한 자신의 생각을 말합니다.

"어차피 장례식이란 건 산 사람들을 위한 거예요. 그러니 아무도 없으면 신경 쓸 사람도 없죠. 사실 살아있는 사람들은 모르는 게 낫잖아요. 장례식도, 슬픔도, 눈물도 없는 게…. 어떻게 생각해요?"

"그런 식으로 생각해본 적 없는데요."

"어쨌든 죽었으면 죽은 겁니다. 보지도 못하고 상관할 수도 없어요. 알았죠?"

빌리 스토크의 앨범을 보면서 존 메이는 생각에 잠깁니다. 존 메이는 부장에게 달려가 해고일을 3일만 미루어 달라고 부탁합니다. 존 메이가 생각하는 장례식은 산 사람이 아닌 고인을 위한 하나의 예식이기 때문이죠. 존 메이에게 죽음은 존재가 사라진 것이 아니라 존재가 정지된 상태를 의미합니다. 즉 그에게 빌리 스토크는 죽은 사람이 아닌 '더 이상 빵을 만들 수 없는 사람'이자 '친구'입니다.

존 메이는 빌리 스토크가 수감되었던 교도소를 찾아가 면회 기록에 남겨진 딸의 정보를 얻어 찾아갑니다. 그러고는 아버지의 죽음을 알리면서 장례식에 참석하기를 권하지만 그녀는 아빠에 대한 좋은 감정이 없다면서 거절합니다. 그는 그녀에게 아버지의 유품인 앨범을 전해주고 돌아옵니다.

다음으로 존 메이는 빌리 스토크와 함께 군대 생활을 했던 점보를 찾아갑니다. 점보는 빌리 스토크가 생명의 은인이라면서 그가 술을 마신 이유는 군대에서 사람을 죽인 기억 탓에 제정신으로 살아갈 수 없어서일 거라고 말합니다. 그 말에 존 메이는 빌리 스토크와 술을 함께 마시던 주정뱅이 친구들도 만나 장례식 이야기를 전합니다.

분주하게 장례식 준비를 하던 중 빌리 스토크의 딸에게서 만나자는 연락을 받습니다. 그녀를 만난 존 메이는 장례식에 대해 상세하게 알려줍니다. 그 말을 들은 딸은 미소로 그를 바라보면서 장례식이 끝난 후 핫초코를 마시자고 하며 헤어집니다.

빌리 스토크의 삶을 추적하면서 존 메이의 삶은 정적인 일상에서 생생하게 살아 움직이는 일상으로 변화했습니다. 그동안 존 메이가 먹는 음식은 통조림과 식빵, 커피, 사과가 전부였습니다. 그런데 오컴베이커리에서 파이를 선물 받고, 역에서는 핫초코를 추천 받아 마시게 되었죠. 피쉬앤칩스 가게를 운영하는 빌리 스토크의 옛사랑을 만났을 때는 생선을 선물 받아 요리하기도 했습니다. 점보와 함께 식사를 할때 그는 점보가 먹는 음식이 예전에 자기가 평소 먹던 통조림과 식빵 같은 것이라는 걸 깨닫고는 웃음 짓습니다. 이 모습을 본 관객도 웃게 됩니다. 존 메이가 예전에 먹었던 음식과 점보가 대접한 음식은 같은 음식이지만 다르게 느껴집니다. 하지만 존 메이가 생생한 일상을 느끼게 된 순간 교통사고로 갑작스럽게 죽습니다.

스틸라이프 - 정물화

죽기 직전의 빌리 스토크는 세상에서 보이지 않는 투명 인간 같은 존재였습니다. 하지만 존 메이가 발견한 젊은 빌리 스토크는 진한 우정을 나눈 누군가의 단짝이었으며, 생명을 구한 누군가의 영웅이었고, 뜨거운 사랑을 나눈 누군가의 연인이자 사랑스러운 딸의 아버지였습니다. 오색 찬란한 젊은 시절과 달리 노인이 된 그는 홀로 지내면서 쓸쓸하게 죽음을 맞이했습니다. 존 메이가 빌리 스토크의 인생을 발견하지 못했다면 다른 사람들처럼 사진 한 장으로 삶이 정리되었을 테지요.

존 메이 또한 빌리 스토크가 아니었다면 투명 인간의 삶을 이어갔을 것입니다. 하지만 빌리 스토크의 생동감 넘치는 인생을 따라가면서 그의 일상도 변했습니다. 그래서 투명한 존재에서 벗어나 세상에 남겨질 만한 정물의 대상이 되었습니다.

'정물화'로 번역되는 'Still Life'란 생명을 가졌으나 지금은 없어진 상태이거나 처음부터 생명이 없던 물체를 의미한다고 볼 수 있습니다. 바니타스Vinitas 정물화는 보통 꽃과 해골이 그림의 대상이 됩니다. 이 정물화는 덧없음을 의미하는 것으로 인간의 유한함을 깨닫고 삶의 현실을 직시하라는 '죽음의 경고'라고 말합니다.

〈스틸라이프〉는 우리에게 죽음을 경고하는 바니타스 정물화와 같습니다. 죽음은 특별한 것이 아니라 공평한 것이며 갑자기 다가오는 것이 아니라 항상 우리 곁에 있다는 것을 알려줍니다. 영화를 통해 우리가 세상에 어떻게 남겨질 것인지, 생생한 삶이란 과연 무엇인지 생각해보면 좋겠습니다.

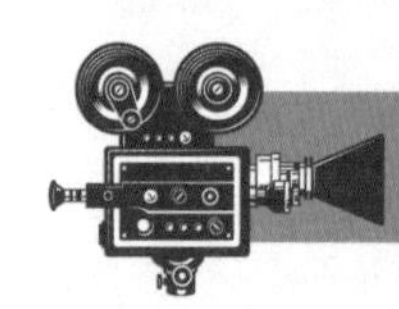

함께 보면 더 좋은 추천 영화

버킷리스트

감독: 로브 라이너 | 2008년 | 12세 관람가

가족에게 헌신적인 삶을 살았던 가난한 흑인 노인 가터. 까칠한 자수성가 백인 노인 잭. 정반대의 삶을 살았지만 죽음 앞에 놓인 두 노인은 함께 모험을 떠납니다. 두 노인은 버킷리스트 도장 깨기를 끝내고 다시 집으로 돌아와 일상을 이어갑니다. 그들은 버킷리스트를 이루는 과정에서 소중한 가치를 발견합니다.

아무르

감독: 미하엘 하네케 | 2012년 | 15세 관람가

음악가 출신 조르주와 안느 부부는 조용하고 편안한 노년을 보냅니다. 그런데 안느가 갑자기 반신불수가 되어 그동안의 깔끔하고 교양 있는 삶이 무너집니다. 조르주는 헌신적으로 아내를 보살피지만 안느는 점점 몸과 마음에 병이 듭니다. 조르주는 이런 안나를 위해 중요한 결정을 합니다.

창문넘어 도망친 100세 노인

감독: 플렉스 할그렌 | 2013년 | 15세 관람가

열 살부터 폭탄을 사랑한 폭탄 전문가 알란. 모든 전쟁의 역사에 우연히 그가 함께합니다. 100세 생일을 맞아 모험을 떠난 알란에게 우연히 갱단의 돈이 떨어집니다. 돈을 향해 쫓고 쫓기는 릴레이에서 우연이 계속되고, 그로 인해 만들어진 사건과 사고가 코믹하게 그려집니다.

영화 감상 후 함께하는 토론 논술 활동

1

난이도 ★★ 중등 국어

부장은 장례식이 살아있는 사람들을 위한 것이라고 말하지만 존 메이는 죽은 사람을 위해 장례식을 준비하지요. 여러분은 장례식이 고인과 살아있는 우리에게 어떤 의미가 있다고 생각하나요?

> "당신 일에 대해서 생각을 좀 해봤어요. 어차피 장례식이란 건 산 사람들을 위한 거예요. 그러니 아무도 없으면 신경 쓸 사람도 없죠. 사실 살아있는 사람들은 모르는 게 낫잖아요. 장례식도, 슬픔도, 눈물도 없는 게…. 어떻게 생각하세요?"
> "그런 식으로 생각해본 적 없는데요."

2

난이도 ★★ 중등 과학

1인 가구 증가와 함께 우리나라도 고독사 사회로 접어들었다고 볼 수 있습니다. 현재 노인을 위한 AI 로봇 개발을 비롯해 고독사를 막기 위한 다양한 방법이 시도되고 있습니다. 여러분은 고독사를 막기 위해 필요한 시스템이 무엇이라고 생각하나요? 이와 관련한 기기를 발명해봅시다.

3

난이도 ★★ 중등 국어

장례식은 그 나라의 문화와 시대에 따라 달라졌습니다. 부모가 죽으면 3년상을 지냈던 시절도 있었지만 지금은 보통 3일장으로 치릅니다. 공자는 장례식 기간은 자식의 마음에 따라 정해진 것이라고 했습니다. 우리나라의 일반적인 장례 절차를 살펴본 후 우리나라 장례 문화가 형식과 마음 중 무엇을 더 보여준다고 생각하는지 토론해봅시다. 그리고 우리가 추구해야 할 이상적인 장례 문화가 무엇일지 생각해봅시다.

4

난이도 ★ 중등 국어

나의 장례식을 상상해보고 계획해봅시다.

장례식장소: ______________________

장례 기간: ______________________

조문 초대 명단: ______________________

장례 프로그램: ______________________

5

난이도 ★★ 중등 국어

내 장례식에 읽힐 송고문을 작성해봅시다.

태어나버린 삶, 사라져버린 삶

〈가버나움(Capernaum)〉

나딘 라바키 감독 | 2018년 제작 | 15세 이상 관람가

신분증도 출생증명서도 없어 자신이 언제 태어났는지도 모르는 자인은 자신을 태어나게 한 부모를 상대로 소송을 제기합니다. 자인은 왜 자신의 부모를 고소했을까요?

2018년 칸영화제에서 심사위원 대상을 받은 이 작품은 세계 곳곳에 반향을 불러일으켰습니다. 영화의 리얼리티를 위해 실제 거리에서 배달 일을 하던 열 살 소년을 주인공으로 캐스팅하기도 했죠.

가버나움은 갈릴리 호수 북쪽에 있는 팔레스타인의 도시입니다. 영화는 레바논의 수도 베이루트 시리아 난민들이 모여 사는 빈민가를 배경으로 합니다. 그런데 영화 제목이 왜 〈가버나움〉일까요? 성경에 나오는 가버나움은 예수의 기적이 가장 많이 행해진 이스라엘의 도시이자 예수의 두 번째 고향입니다. 예수는 교만하고 타락한 가버나움 사람들에게 회개하지 않으면 멸망할 거라고 예언했습니다. 하지만 그들은 예수의 예언을 듣지 않았지요. 결국 가버나움은 페르시아의 침략을 받아 폐허가 되고 말았습니다.

자인이 사는 베이루트도 이와 비슷한 상황입니다. 베이루트는 '중동의 파리'라고 불릴 만큼 화려한 도시인데요. 다른 아랍 국가에 비해 문화가 개방적이어서 많은 관광객이 찾고 있습니다. 그런데 이곳이 어떤 사람들에게는 '살아있는 지옥'입니다. 레바논은 오랜 내전으로 행정이 마비되었고 공공연하게 약물 중독과 아동 착취, 매매혼이 자행되고 있었습니다. 이처럼 가버나움에는 기적과 혼돈이 공존하고 있습니다. 그렇다면 영화 제목과 주인공 자인의 삶은 어떤 연관이 있을까요?

나를 태어나게 해서요

자인은 시리아와 국경을 접한 레바논의 빈민가에 살고 있습니다. 자인은 법정에서 판사가 묻는 말에 자신이 사람을 찔렀다고 시인합니다.

"사람을 찔렀어요?"

"네. 개새끼를요."

자인은 게다가 자신의 부모까지 고소했죠.

"왜 부모를 고소했죠?"

열두 살 자인이 울음을 억누른 채 대답합니다.

"나를 태어나게 해서요."

자인의 부모는 자식들 돌보는 데 관심이 없습니다. 그래서 자인이 실질적인 가장 역할을 했습니다. 자인은 가짜 처방전으로 구한 트라마돌◆을 빻아 주스와 과일 음료에 넣습니다. 이를 팔아 생계를 유지하지요. 자인의 부모가 마약 거래에 아이들을 이용하는 겁니다. 자인은 가스와 식료품 배달도 쉴 수 없습니다. 동생들을 돌보려면 돈을 벌어야 하니까요. 자인은 학교에서 돌아오는 아이들이 마냥 부럽습니다. 아버지에게 오전에는 학교 가고 오후에 일하면 안 되냐고 묻지만 아버지는 자인을 학교에 보낼 마음이 없습니다.

그러던 어느 날, 자인은 여동생 사하르가 초경을 한다는 사실을 알고 다급히 옷을 빨아줍니다. 엄마가 이 사실을 알면 동생을 나이 많은 마트 사장 아사드와 혼인시킬 것을 알기 때문입니다.

국제 사회는 18세 미만 미성년자가 성인 또는 다른 미성년자

◆ 마약성 진통제로 아편 성분과 비슷합니다.

와 결혼하는 조혼을 2030년까지 종식한다는 목표를 세웠지만 코로나19로 빈곤이 덮치면서 아동들이 조혼으로 내몰리고 있습니다. 유니세프는 2030년까지 1억 명의 미성년자들이 조혼을 하게 될 것으로 예측했습니다. 특히 이슬람 국가에서는 조혼이 흔히 발생합니다.◆

배달 일을 마치고 집으로 돌아온 자인은 거실에 수탉 몇 마리가 있고 아사드가 부모님과 이야기 나누고 있는 것을 보았습니다. 사하르는 화장을 한 채 아사드 옆에 앉아있네요. 자인은 부모가 사하르를 아사드와 결혼시키려고 한다는 걸 직감합니다.

다음 날, 자인이 사하르를 깨웁니다. 옷을 챙기고 마트에서 식자재도 훔치죠. 사하르를 데리고 할머니 집으로 도망칠 계획이었습니다. 그런데 계획이 들통나고 사하르는 그날 바로 아사드에게 보내집니다. 오토바이를 타고 울면서 떠나는 사하르. 자인이 그 뒤를 쫓아가지만 역부족입니다. 화가 난 자인은 혼자 버스를 타고 집을 떠납니다.

바퀴맨 그리고 라힐

버스에 탄 자인은 옆자리에 앉아있는 분홍색과 파란색이 혼

◆ 코로나로 빈곤해진 아시아, 조혼도 증가', 〈아시아투데이〉, 2022년 1월 3일.

합된 옷차림의 할아버지에게 자꾸만 눈길이 갑니다. 할아버지는 그런 자인에게 자신을 '바퀴맨'이라고 소개하죠. 스파이더맨의 상징인 거미를 바퀴벌레로 바꿔놓은 슈트를 입고 있는 이 할아버지는 동네 유원지에서 호객을 하며 살아갑니다.

"네가 생각하는 그런 사람 아니야. 거미는 쓸데없잖아. 우리는 바퀴벌레나 다름없어."

거미는 나뭇가지 틈에 집을 짓고 먹잇감을 비축하며 살아가지만 바퀴벌레는 구정물이 고여있는 뒷골목을 전전하며 생존하지요. 아마도 바퀴벌레는 레바논 빈민가에 사는 사람들의 삶을 상징하는지도 모르겠습니다.

자인은 '바퀴맨' 할아버지에게 이끌려 놀이동산에서 홀로 시간을 보냅니다. 그리고 그곳에서 불법 체류자 라힐을 만납니다. 라힐은 자신의 어린 아들을 화장실에 숨겨놓고 일을 합니다. 발각되면 바로 추방되지요. 라힐은 삶이 위태롭다고 느낄 때마다 창문 너머로 보이는 '바퀴맨' 할아버지를 바라봅니다. 아무리 삶이 더럽고 비참해도 바퀴벌레의 강인한 생명력으로 살아가리라, 다짐하듯 말입니다.

자인은 놀이동산에서 일자리를 구해보지만 미성년자라서 일할 곳이 마땅치 않습니다. 그런 자인에게 라힐은 음식을 주고 자신의 집으로 데려가 씻기고 재워줍니다. 자인은 라힐이 출근하는 동안 그녀의 집에 머무르며 요나스를 돌보기로 합니다. 놀이동산에서 일하기 전 라일은 가정부였습니다. 그 집에서 경비원

일을 하는 남자의 아이를 갖게 된 것이죠. 하지만 남자는 아이에 대한 양육을 회피했습니다. 그래서 불법 체류자 신분인 라힐이 홀로 아이를 양육하게 된 겁니다.

낡고 허름한 라힐의 집, 계속 동생들을 돌봐온 자인에게 요나스를 돌보는 일은 어렵지 않습니다. 분유 먹이고 기저귀 갈아주고 놀아줍니다. 둘은 형제처럼 잘 지냅니다.

자인은 라힐에게 사하르가 제일 보고 싶다고 말합니다. 누구보다 여동생이 행복했으면 좋겠다는 바람도 드러냅니다. 돌봄이 필요한 열두 살 나이의 자인은 가족의 생계를 위해 학교도 가지 못하고 일만 했습니다. 이런 자인이 자신을 돌봐준 낯선 어른에게 속마음을 처음으로 드러냅니다. 소외된 자들의 연대, 그 속에 희망이 존재할까요?

요나스를 넘기든가 돈을 구해와

"바로 만들어. 체류증 없으면 골치 아파."

걱정하는 직장 동료의 말에도 라힐은 달리 방법이 없습니다. 체류증을 만들 돈이 없기 때문입니다. 불법 체류자는 체류하는 국가의 출입국 관계 법령을 위반하면서 해당국에 머무르는 것이기 때문에 어떠한 법적 권리도 갖지 못합니다.

라힐의 체류증을 위조해준 적이 있는 아스프로는 라힐에게 아들 요나스를 넘기든가 아니면 체류증을 만들기 위한 돈을 구해오라고 합니다. 불법 체류자이기에 일할 곳이 마땅치 않던 라힐은 주인집에서 훔친 신분증으로 체류증을 만들려고 했지만 실패했고, 오랜 시간 기른 머리카락까지 잘라 돈을 마련하려 했지만 이 또한 여의치 않습니다.

그런데 라힐이 집에 돌아오지 않습니다. 자인은 요나스를 데리고 라힐을 찾으러 나서죠. 자인은 시장에서 요나스를 호시탐탐 노리는 아스프로도 만나고 스웨덴에 있는 시리아 난민 마을로 가기 위해 꽃을 팔아 돈을 모으는 또래 여자아이도 만납니다.

라힐이 계속 집에 돌아오지 못한 이유는 불법 체류로 체포되었기 때문입니다. 구치소 안에서도 아들 걱정에 눈물만 흘리는 라힐. 한편 먹을 게 떨어진 자인은 얼음에 설탕을 뿌려 요나스에게 먹입니다. 구걸도 합니다. 이젠 물조차 나오지 않는 라힐의 판자집. 자인은 점점 지쳐갑니다.

"아들이 궁금하지도 않나? 잘 지내는지 아프지는 않은지? 네 엄만 우리 엄마보다 더해."

라힐의 상황을 알지 못하는 자인은 자신을 전혀 돌보지 않았던 엄마보다 라힐이 더 나쁘다고 말합니다. 엄마는 그래도 자인 곁에는 있었으니까요. 자신을 버리지는 않았으니까요.

네가 인간이라는 증거, 출생증명서 말이야

아스프로는 자인에게 요나스를 맡아주고 돈도 주겠다고 합니다. 하지만 자인은 그러지 않습니다. 강에서 물을 길어와 어릴 적부터 해온 트라마돌 주스를 만들기 시작합니다. 마약 효과가 있는 주스는 금세 인기를 얻었고 자인은 난민이 사는 마을이 있다는 스웨덴에 갈 꿈에 부풉니다.

그러던 어느 날, 방세가 밀렸다며 주인이 라힐 집의 출입문을 자물쇠로 잠궈버렸습니다. 침대에 숨겨놓은 자인의 돈 또한 찾을 수 없게 되었죠. 자인이 잠긴 문을 발로 차며 소리칩니다.

"내 돈 내놓으란 말이야!"

도로에 앉아 한참을 고민하던 자인은 요나스에게 과자 한 봉

지를 주고 좋은 곳에 입양을 보내준다는 아스프로에게 보냅니다. 그리고 이민을 떠나기 위해 이발을 하죠. 이때 자인이 처음으로 눈물을 흘립니다. 거울에 비친 자신의 얼굴을 본 자인이 이내 작은 손으로 연신 눈물을 닦습니다. 삶에 쫓겨 거울 한 번 제대로 본 적 없던 자인이 이제야 비로소 자신의 얼굴과 마주합니다. 참고 참았던 설움을 토해냅니다.

떠나기 위해 출생증명서가 필요했던 자인은 집으로 돌아옵니다. 그런데 아무리 찾아도 자신의 신분을 드러낼 그 어떤 서류도 보이지 않습니다. 이때 아빠가 며칠 전 사하르가 병원에서 죽었다고 말합니다. 임신 중 심한 하혈을 해 사망했다는 겁니다. 사하르는 겨우 열한 살이었습니다. 이성을 잃은 자인은 칼을 꺼내

들고 아사드에게 달려갔고 그렇게 자인은 살인 미수죄로 소년원에 갇히게 됩니다.

소년원에 면회 온 엄마는 자인에게 임신을 했다고 말합니다.

"딸이면 좋겠어. 사하르라고 하게."

"엄마 말이 칼처럼 심장을 찌르네요. 엄만 감정이 없나 봐요."

자인은 엄마가 사온 사탕을 쓰레기통에 버립니다.

"애들을 돌보지 않는 부모가 지긋지긋해요. 인생이 개 같아요. 자라서 좋은 사람이 되고 싶었어요. 엄마 뱃속의 아기도 나처럼 될 거예요. 애를 그만 낳게 해주세요."

법정에서 자인이 부모를 바라봅니다. 그러자 그의 부모가 말합니다.

"죽을힘을 다해 사는데 이렇게 비난하나요? 나처럼 살아봤어요? 제 입장이라면 자살할 걸요? 먹일 게 없어서 아이들에게 설탕물을 먹이고 애들을 위해서 뭔 짓을 못하겠어요."

"저도 이렇게 나서 자랐을 뿐이에요. 저도 부모 잘 만났으면 이렇게 안 살았어요."

폐허와 혼돈, 신의 축복이 공존하는 땅 가버나움

〈가버나움〉의 출연진들은 전문 연기자가 아닙니다. 주인공 자인 역을 맡은 자인 알 라피아는 시리아 난민 소년이며, 라힐 역을 맡은 요르다노스 쉬페라우는 실제 불법 체류자입니다. 그녀는 실제로 촬영 중 체포되었으나 나딘 라바키 감독의 개입으로 풀려났고 촬영을 무사히 마칠 수 있었죠. 요나스와 사하르도 그곳에 사는 아이들이었습니다. 모두 자신이 맡은 역할과 비슷한 삶을 살아온 것이죠.

감독은 자인에게 대본을 주지 않았다고 합니다. 그저 상황에 대한 설명만 제공하고 촬영을 진행했다고 합니다. 자인은 그 모든 촬영 과정이 현실과 너무나도 닮아서 "전혀 어렵지 않았다."고 말합니다. 영화에는 자인의 뒷모습이 유독 자주 나오는데 자인의 삶을 그저 방관만 하는 우리의 시선처럼 느껴집니다.

〈가버나움〉이 칸영화제에 초청된 후 자인과 그의 가족들은 유엔난민기구의 도움으로 2018년 8월 노르웨이에 정착했습니다. 영화에 출연한 다른 아이들도 유니세프의 특별 지원 프로그램을 제공받아 학교에 다니게 되었습니다. 한편 자인과 같은 아이들에게 도움을 주기 위해 가버나움재단도 설립했습니다. 영화에서 자인을 변호한 변호사가 바로 이 영화의 감독 나딘 라바키입니다.

전쟁 때문에 난민이 발생하고 있는 나라는 아프가니스탄, 수단, 소말리아, 콩고 등이며 이들 국가에서 발생하는 난민은 파키스탄, 이란, 미국, 독일, 요르단 등으로 이주했습니다. 미국과의 전쟁으로 전 국토가 초토화된 이라크에서는 약 220만 명의 난민이 발생했으며 이들은 이웃한 튀르키예, 시리아, 요르단, 레바논,

이집트 등지로 흩어져 살아가고 있죠.

튀르키예와 이라크 사이에 위치한 시리아도 2011년부터 지금까지 내전이 진행 중입니다. 당시 중동 지역에는 '아랍의 봄'이라고 불리는 민주화 열풍이 불었고 시리아에서는 이를 계기로 정부군과 반군 사이의 내전이 일어났습니다. 이로 인해 40만 명이 사망했으며 670만 명 이상이 난민으로 내몰렸지요.

한때 신의 축복을 받았지만 지금은 폐허가 된 가버나움에는 아직도 수많은 자인이 살고 있습니다.

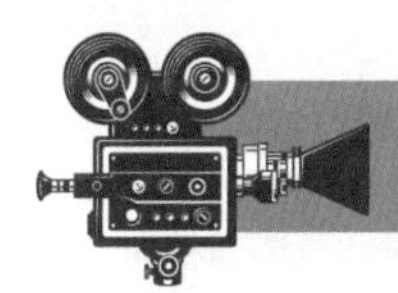

함께 보면 더 좋은 추천 영화

주피터스문

감독: 코르넬 문드럭초 | 2017년 | 15세 이상 관람가

제70회 칸영화제 경쟁 부문 상영작이며, 시리아 난민을 주인공으로 한 영화입니다. 시리아에서 벌어진 내전 때문에 아버지와 함께 도망치듯이 헝가리 국경을 넘은 아리안은 국경수비대 경찰 라슬로가 쏜 총에 맞는데요. 이후 아리안에게 눈으로 봐도 믿지 못할 기적이 일어납니다.

피부를 판 남자

감독: 카우테르 벤 하니아 | 2020년 | 12세 이상 관람가

청혼하는 자리에서 '자유'라는 단어를 외치다 체포된 샘은 결국 난민의 길을 선택했고 여자친구와도 생이별을 합니다. 그러던 어느 날, 그는 악마 같은 예술가 제프리에게 제안을 받는데 피부에 타투를 새겨 살아있는 예술품으로 평생 전시되는 조건입니다. 벨기에의 예술가 빔 델보예의 실화를 바탕으로 한 이 영화에는 풍자와 해학이 가득합니다.

파힘

감독: 피에르 프랑수아 마르탱 라발 | 2019년 | 전체 관람가

방글라데시 10대 소년 파힘은 그의 아버지 누라와 함께 프랑스로 망명을 옵니다. 파힘에게는 특별한 재능이 있는데요. 바로 체스를 아주 잘 둔다는 것입니다. 실화를 기반으로 한 이 영화는 난민이자 이방인인 체스 신동 파힘의 챔피언 도전기를 그리고 있습니다.

영화 감상 후 함께하는 토론 논술 활동

1

난이도 ★★ 중등 국어

이 영화는 난민, 조혼, 아동 노동 등 수많은 키워드와 문제의식을 담고 있는데요. 그중 개인적으로 가장 중요하게 생각하는 키워드를 꼽으라면 무엇인가요? 이유와 함께 설명해봅시다.

2

난이도 ★★★ 중등 사회

열두 살 자인은 학교에 가지 못하고 거리를 배회하며 트라마돌로 가짜 음료수를 만들어 팔고 아사드 가게 일을 돕거나 배달 일을 해서 돈을 법니다. 이처럼 자인은 실질적인 가장 역할을 했는데요. 자인이 이런 상황에 내몰리게 된 가장 큰 원인은 무엇이라고 생각하나요?

3

난이도 ★★ 중등 국어

법정에 선 자인의 부모는 판사에게 그간의 일은 자기들도 그렇게 컸으니 그렇게 한 것이라고 항변합니다. 자신들도 부모를 잘 만났으면 이렇게 안 살았을 거라고 말하죠.이들의 주장을 어떻게 생각하나요?

4

난이도 ★★ 중등 국어

영화에 등장하는 어른들의 모습은 어떤가요? 어른의 사전적 의미는 '다 자란 사람 또는 다 자라서 자기 일에 책임을 지는 사람'을 일컫는데요. 여러분이 정의 내리고 싶은 어른은 어떤 어른인가요? 한 문장으로 표현해보세요.

5

난이도 ★★ 중등 사회

자인은 법정에서 왜 부모를 고소했냐고 묻는 재판관에게 "자신을 태어나게 해서요."라고 답합니다. 이어서 부모에게 원하는 게 있냐고 묻는 재판관에게 "애를 그만 낳게 해주세요."라고 말하죠. 그러면서 다음과 같이 말하는데요. 여러분이 판사라면 자인에게 어떤 판결을 내릴 건가요? 판결문을 써 보세요.

> "어른들이 내 말을 귀담아 들어주길 원합니다. 난 우리가 선한 사람이 되어 모두로부터 사랑받을 줄 알았어요. 하지만 신은 우리가 그렇게 되길 원치 않았어요. 신은 우리가 다른 사람들을 위한 걸레가 되길 원했던 거예요. 당신이 뱃속에 배고 있는 아기는 나처럼 될 거예요."

인류의 연대를 소망하며

〈블라인드 사이드〉 제작진
뷰티풀라이
Beautiful Lie

〈뷰티풀 라이(The Good Lie)〉

필라프 팔라도 감독 | 2014년 제작 | 12세 관람가

⚜ ⚜ ⚜

평등, 자유, 존엄, 다름에 대한 인정, 이런 단어를 모아 그 알맹이를 들여다보면 어떤 단어가 나올까요? '인권'이라는 단어에 귀결됨을 알 수 있습니다. 우리가 평등한 사회에서 누리는 수많은 권리가 결국은 인권을 지켜내려는 노력에서 시작되었다는 것이지요. 그러나 우리의 삶 구석구석을 살펴보면 아직도 인권의 사각지대에서 신음하는 사람들이 종종 발견됩니다. 이미 이 세상은 평등을 당연한 권리로 여기며 살고 있는데도 말입니다. 정치적 권력이, 경제적 능력이 평등을 짓밟고 인권을 흔들어버리는 안타

까운 현장들은 지금도 사회 곳곳에 존재합니다.

인권이 지켜지지 않는 곳은 주로 가난의 현장, 소수자의 삶, 전쟁이 일어난 지역 등입니다. 폭정의 횡포 속에서도 볼 수 있고요. 〈뷰티풀 라이〉는 내전이 일어나는 상황에서 지켜지지 못한 인권에 관해 이야기합니다. 평범한 일상을 사는 이들은 결코 알 수 없는 극한의 상황일 수 있습니다.

그러나 우리에게 '내전'은 결코 낯설어서는 안 되는 단어입니다. '분단 국가', '휴전' 이것이 우리의 현실이니까요. 언제 전쟁이 터져도 이상하지 않은 나라가 우리 땅 대한민국입니다.

수단의 '잃어버린 아이들'

1994년 남수단으로 다큐멘터리 촬영을 떠났던 필리프 필라도 감독은 빗발치는 총알과 폭탄 때문에 촬영을 포기하고 대피해야 했습니다. 감독은 전쟁 중인 수단을 떠나며 두고 온 사람들에 대해 깊은 죄책감을 느꼈고 오랫동안 수단을 그의 인생에서 지울 수 없었다고 합니다. 그래서 20년 후 〈뷰티풀 라이〉의 시나리오를 받았을 때 수단으로 돌아가야 하는 이유를 드디어 찾았다고 했지요.

〈뷰티풀 라이〉 속 주인공들은 수단의 내전으로 생긴 '잃어버린 아이들The lost boys of Sudan'입니다. 자신의 실수로 형이 죽었다고 믿는 마메르 역의 아놀드 오셍, 하느님을 믿으며 신앙의 길을 걷는 예레미아 역의 게르 두아니, 고향을 그리워하며 미국 생활에 염증을 느끼는 폴 역의 엠마뉴엘 잘. 이들 모두가 '잃어버린 아이들'입니다. 영화에 나오는 수많은 난민도 어린 시절 군인에게 끌려간 소년병이었다고 합니다.

〈뷰티풀 라이〉는 1983년 수단 내전의 상황을 자막으로 설명하면서 시작합니다. 내전으로 1987년까지 엄청난 전생고아가 생겼고 그들은 사하라 사막 남단을 건너 케냐로 피신했으며 13년 후 난민 3,600명이 미국으로 이주되었음을 알려줍니다. 이들을 수단의 '잃어버린 아이들'이라고 부릅니다.

난민촌을 떠나 미국으로 갈 수 있었던 이 아이들은 소수의 선택된 아이들이었습니다. 아무런 희망도 없이 난민촌에 남겨진 아이들이 수천, 수만 명이었지요. 자유의 땅 미국에서 살게 되었지만 남겨진 이들에게서 자유로울 수 없었던 그들은 죄책감과 그리움에 휩싸여 갈등을 겪습니다. 낯선 땅에서 겪어야 했던 편견, 몰이해, 부적응도 그들에게는 거대한 벽이었습니다.

이야기의 시작을 알리는 마메르의 독백은 전쟁이 아니라 잃어버린 것에 대해 이야기하고 있습니다.

우리는 어릴 때 아는 게 많지 않았다. 우리와 다른 세상이 존재하는 것도 몰랐고, 아는 거라고는 우리 부락뿐이었다. 수천 년을 이어온 우리 부락.

남수단 바르 엘 가잘에 있던 마메르의 부락은 폭격과 총격으로 완전히 파괴되었습니다. 남은 사람은 오직 여섯 명의 아이들, 이들은 살던 땅도 부모님도 모두 잃었습니다.

아이들은 가장 나이가 많은 태오 형을 추장으로 내세워 험난한 탈출 길에 나섭니다. 부락의 장로님이 알려준 대로 안전할 것으로 생각되는 에티오피아로 향합니다. 그러나 걸어서 갈 수밖에 없는 그 사막길은 굶주림과 목마름의 연속이었습니다. 결국 가장 어린 동생을 잃었습니다. 그래도 계속 가야 하는 길. 아이들은 폐허가 된 마을에서 죽어가는 사람을 만납니다. 그는 아이들에게 케냐로 가라고 알려주지요.

케냐로 가는 길. 아이들은 총을 든 군인들을 만납니다. 태오 형은 동생들을 숨겨주고 혼자 끌려갑니다. 아이들은 슬픔에 휩싸였지만 결국 난민 캠프에 도착했습니다. 하지만 줄곧 아프던 다니엘도 세상을 떠납니다.

유엔 아동권리선언은 아동은 신체적으로나 정신적으로 성숙하지 못한 상태이므로 적절한 법적 보호를 포함해 특별한 보호와 관리를 받아야 한다고 명시합니다. 그리고 인류에게는 아동에게 최선을 다해야 할 의무가 있다고 강조합니다. 그러나 힘없고 연약한 아동들의 권리는 지구촌 곳곳에서 무시당하고 있습니다. 혹독한 노동에 내몰리고 소년병으로 전쟁에 이용되기도 합니다.

내전의 소용돌이 속에 가장 큰 피해를 입는 사람은 바로 어린이들이라는 통계가 있습니다. 아이들은 아무것도 모른 채 부모를 잃고 굶주려야 합니다. 게다가 소년병으로 끌려가기까지 합니다.

유독 내전에서 소년병이 많이 이용되는 이유는 두 가지입니다. 첫째, 비용이 적게 들기 때문입니다. 아이들은 어른보다 적게 먹고 어른들의 말을 잘 들으니까요. 둘째, 적에게 심리적 압박감을 줄 수 있어서입니다. 어린아이에게 총구를 겨누기는 쉽지 않고 총을 쏘았다 하더라도 심리적 혼란에 빠지기 쉬우므로 이를 이용하려는 것이지요. 전쟁의 소용돌이 속에서 아이들의 인권은 존재하지 않는 것이나 마찬가지입니다.

난민촌 카쿠마

어린 마메르, 예레미아, 폴이 도착한 케냐의 카쿠마는 영화 속 허구의 장소가 아닌 실제 난민촌입니다. 1992년 남수단 난민들이 대거 정착해 세워진 곳으로 현재는 소말리아, 에티오피아 등 다른 아프리카 민족까지 수용하고 있는 아프리카 최대의 난민촌이자 가장 오래된 난민촌 중 하나입니다.

제작진은 유엔과 협업해 어렵게 접근 권한을 얻었다고 합니다. 다만 촬영 장소는 최소한으로 허용되었고 촬영 자체도 쉬운 일은 아니었습니다. 그곳은 잠시 머물렀다가 고향으로 떠나는 난민촌이 아니라 수많은 난민이 20년 이상 거주하며 살아남은 자의 고통을 하루하루 견디는 곳입니다. 지금도 그 고통은 계속되고 있습니다.

탈레반이 재집권한 아프가니스탄 역시 아수라장입니다. 국제사회의 원조 중단으로 경제가 파탄 나고 일자리는커녕 식량도 구하지 못하는 지경에 이르자 가족들이 딸을 팔아 연명하고 있다는 소식도 들립니다. 열 살도 채 되지 않은 여자아이들이 할아버지 나이의 남자에게 팔려가는 세상, 아프가니스탄 여인들은 인권이 바닥으로 추락한 현장에서 공포 속에 살아가고 있습니다.

유엔 인도주의업무조정국에 따르면 2021년 내전으로 약 67만 7,000명이 난민으로 전락했다고 합니다. 난민촌에서 구호 물품을 받으며 살아가는 그들은 최소한의 즐거움도 빼앗긴 채 그저

생을 연명하고 있습니다. 쑥대밭이 된 부락에서 목숨을 걸고 탈출해 난민촌에 도착한 아이들은 그곳에서 청년으로 성장합니다.

그들의 유일한 희망은 구호 단체의 도움으로 미국에 가는 것입니다. 그 가느다란 희망의 끈을 마메르와 예레미야, 폴, 아비탈은 잡고야 말았습니다. 그러나 난민촌에는 떠나는 사람보다 남은 자가 훨씬 더 많습니다. 그들의 삶은 오늘도 내일도 그저 아무 의미 없이 멈춰있습니다.

우리가 달라진다면

미국에 도착한 아이들은 안타깝게도 여동생 아비탈과 헤어집니다. 보통 이민국에서 여자아이들은 일반 가정으로 보내 일을 배우게 하는데 켄사스 지역에는 여자아이를 원하는 가정이 없어서 아비탈만 다른 이주지로 가게 된 것입니다. 아이들은 아비탈과 생이별을 하며 발을 동동 구릅니다. 하지만 이민국의 누구도 이 일을 돕지 못합니다. 가족이 헤어지는 아픔을 돌봐줄 사람은 아무도 없습니다. 힘이 없는 자들에게는 마땅히 누릴 권리도 주어지지 않습니다.

아이들은 낯선 땅에서 차별과 조롱을 받으며 자신의 삶을 만들어가기 위해 최선을 다합니다. 그 과정을 돕는 직업소개사 캐리는 처음 아이들을 만났을 때 단지 자신이 맡은 일을 하는 직장

인에 불과했습니다. 아이들의 취업에는 관심이 있으나 감정에는 관심이 없었지요. 그러나 순수하고 정직한 아이들의 모습을 보며 차츰 마음이 열립니다. 그리고 그들에게 진정으로 필요한 것이 무엇인지 생각합니다.

우리는 절대 혼자서는 살아갈 수 없습니다. '인간은 사회적 동물'이라는 구태의연한 표현을 쓰지 않더라도 우리는 누군가와 관계를 맺으며 살아감으로써 삶의 의미를 느낍니다. 캐리는 그 머나먼 길을 넘어 수단에서 미국까지 오게 된 이 아이들과 관계를 맺으며 삶의 진정한 기쁨을 알아갑니다. 아비탈을 찾아 자신의 집으로 데려오기도 하지요. 캐리처럼 우리도 달라진다면 지구촌 어딘가에서 혹은 이 땅 어딘가에서 인권을 짓밟히며 간신히 버티는 누군가에게 한 줄기 빛과 희망이 될 수 있을 것입니다.

뷰티풀 라이

어느 날 마메르는 케냐의 난민촌에서 편지 한 장을 받습니다. 이민을 떠난 그들을 찾는 사람이 있다는 것입니다. 태오 형이었습니다. 죽은 줄 알았던 태오 형이 난민촌에서 형제들을 찾는다는 소식이었죠. 마메르는 온갖 난관을 뚫고 난민촌으로 돌아갑니다. 그리고 꿈에도 그리던 태오 형과 마주합니다.

그렇게 태오 형과 같이 미국으로 갈 수 있었다면 해피엔딩이 되었을 것입니다. 그러나 세상은 녹록치 않았습니다. 난민촌을 탈출하려는 사람을 막기 위해 출입국 관리가 철저하게 이루어지고 있었거든요. 마메르는 형과 함께 미국으로 떠날 방법을 백방으로 찾지만 실패합니다. 그래서 중대한 결심을 합니다.

마메르의 이 결심은 이미 영화의 중반에 복선으로 나타났습니다. 의사가 되기 위해 공부하던 마메르의 강의실 장면에서 '선의의 거짓말'에 대해 이야기하는 장면이 나옵니다. 마메르는 거짓말을 하기로 결심합니다. 자신의 이름으로 형을 미국으로 보내고 자신이 난민촌에 남아 의료 캠프에서 환자들을 돌보며 살기로 한 것이죠. 군인들에게 거짓말로 동생들을 살리고 홀로 잡혀갔던 태오 형처럼 마메르 역시 '아름다운 거짓말'을 합니다. 위조된 여권을 형에게 주고 형을 미국으로 보냅니다. 〈뷰티풀 라이〉는 난민촌에 남은 마메르의 뒷이야기는 알려주지 않습니다. 교회에서 간증하는 예레이야의 말을 남길 뿐입니다.

> 우린 미국에게 구조되었다고들 하지만 서로가 서로를 구조하기도 했습니다. 우리의 차이가 우리를 갈라놓을지라도 공동의 인류애가 우리를 묶어줍니다. 우리는 모두 형제자매입니다. 집이란 이름의 낙원을 함께 나누고 싶습니다. 우리를 '수단의 잃어버린 아이들'이라고 하지만 우리는 잃어버린 아이들이 아니라 '발견된 존재들'입니다.

지금 우리가 소외된 이들, 도움의 손길을 간절히 기다리고 있는 이들에게 눈을 돌린다면, 그래서 진흙 속에서 신음하는 누군가를 발견할 수 있다면 어떻게 될까요? 그것으로 우리의 삶은 좀 더 풍성하고 아름다워지지 않을까요? 영화의 문을 닫는 마지막 자막 글을 읽어보세요. 우리의 삶에 되새겨볼 만합니다.

> 빨리 가고 싶거든 혼자 가라. 멀리 가고 싶거든 함께 가라.
>
> – 아프리카 속담

함께 보면 더 좋은 추천 영화

세인트 주디

감독: 숀 해니시 | 2017년 | 12세 관람가

망명법의 모순을 위해 투쟁해온 변호사 주디 우스의 실제 이야기이며 인권의 사각지대에서 아프카니스탄의 여성들이 겪는 고통을 보여줍니다. 아세파는 미국에서 추방되어 본국으로 돌아가면 살해당할 운명이지만 미국 망명법에 따라 본국으로 돌아가야 합니다. 인권 수호를 위한 주디의 용기와 끈기가 감동적으로 다가옵니다.

셀마

감독: 에바 두버네이 | 2014년 | 12세 관람가

1964년 마틴 루터 킹은 노벨평화상을 받습니다.흑인의 자유로운 투표를 보장해줄 것을 존슨 대통령에게 요구했지만 거절당한 마틴 루터 킹은 1965년 흑인 투표권 운동의 도화선이 될 앨라배마주 셀마로 찾아가 행진을 계획하지만 경찰의 탄압으로 감옥에 수감되고 맙니다.

서프러제트

감독: 사라 가브론 | 2016년 | 12세 관람가

20세기 초 영국, 세탁 공장 노동자인 모드 와츠. 여성 투표권을 주장하며 거리에서 투쟁하는 '서프러제트' 무리를 목격하고도 그들이 바꿀 수 있는 것은 아무것도 없을 거라고 생각한 그녀였지만 여성이라는 이름 앞에 무너진 정의와 인권 유린의 세태에 분노하고 부당함에 맞서기 위해 거리로 발걸음을 옮깁니다.

영화 감상 후 함께하는 토론 논술 활동

1

난이도 ★★ 중등 국어

인권이란 무엇일까요? 나만의 정의를 내려보세요. 그 정의에 맞추어 나에게 지켜져야 할 가장 중요한 인권이 무엇인지 적어봅시다. (예: 내 방이 누구도 벌컥 들어올 수 없는 공간으로 지켜져야 할 권리, 귀를 뚫고 귀걸이를 할 수 있는 권리, 머리 색은 내가 원하는 대로 바꿀 수 있는 권리 등)

2

난이도 ★★★ 중등 사회

전쟁을 일으킨 자들은 어른과 아이를 가리지 않고 학살해버립니다. 전쟁의 소용돌이 속에서 벌어지는 인권 유린은 어떤 것이 있을까요?

3

난이도 ★★★★ 중등 도덕, 사회

영화에는 난민촌이 등장합니다. 유엔이나 민간 구호 단체의 지원을 받는 난민촌은 구호 단체의 지원이 끊기면 살길이 막막해집니다. 난민촌 사람들의 자립을 위해 우리가 인류애로 지원할 방안은 어떤 것이 있을지 방법을 고민해봅시다.

4

난이도 ★★★ 중등 도덕

직업소개사 캐리는 결국 마메르의 동생 아비탈을 자신의 집으로 데려옵니다. 이 결정에 대해 어떻게 생각하나요? 현명한 판단일까요? 정에 이끌린 바람직하지 못한 판단일까요? 이에 대한 입장과 이유를 말해봅시다.

5

난이도 ★★★★★ 고등 사회

난민 문제는 전쟁이나 기근에 시달리는 일부 국가의 문제가 아니라 전 세계적인 문제로 대두되고 있습니다. 실제로 우리나라에서도 제주도에 예멘 난민이 도착해 난민 수용 찬성과 난민 수용 반대의 의견이 팽팽하게 맞선 적이 있습니다. 난민 수용 문제에 대해 어떻게 생각하는지 입장과 이유를 말해봅시다.